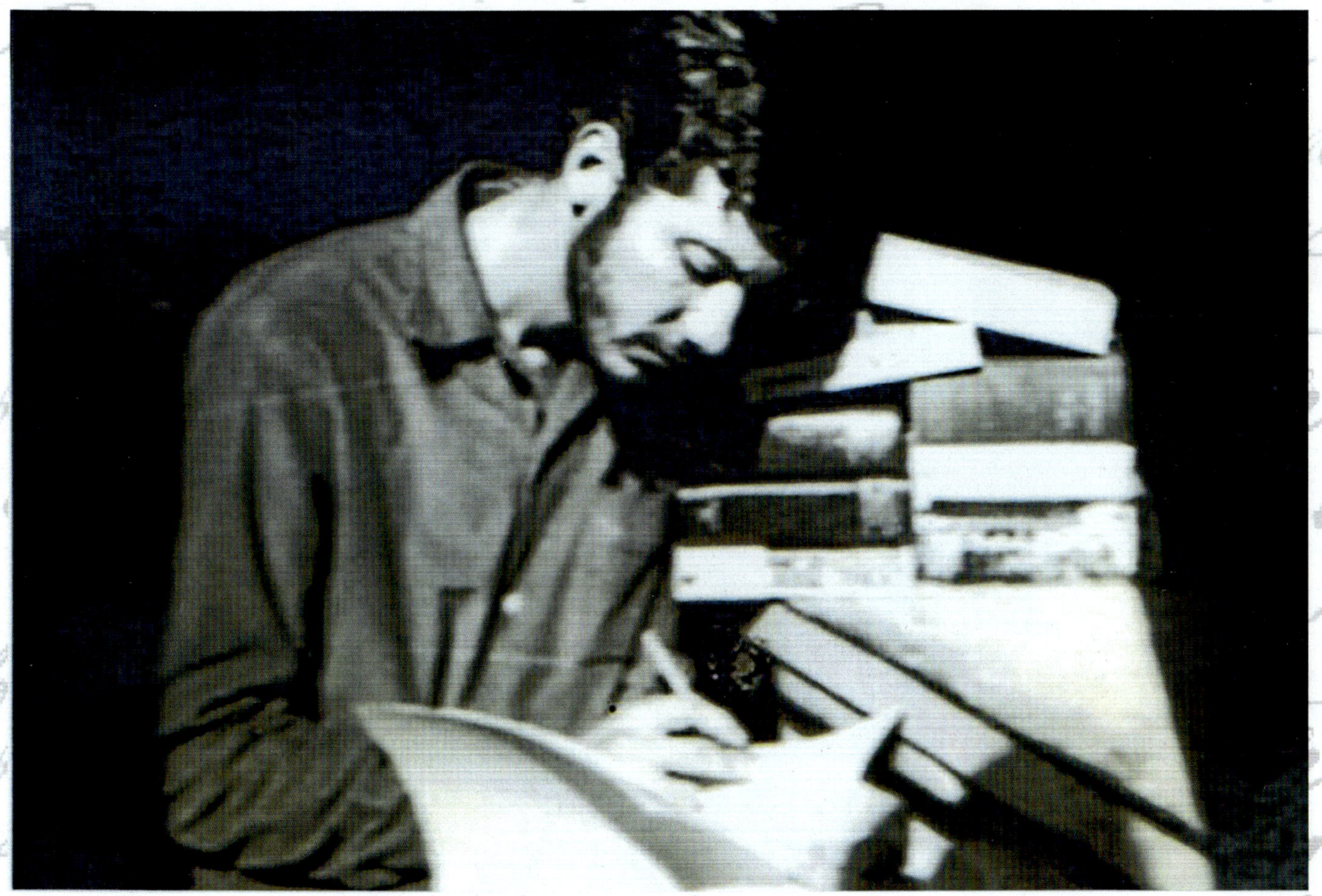

El autor y Luis de la Paz en La Habana, 1974

El autor y Luis de la Paz en Miami, 1988

El autor y su madre en Madrid, 1985

El autor en su casa en Miami, 2016

Compilador y editor invitado

Juan Cueto-Roig

Editores generales

Rolando D. H. Morelli
Kurt O. Findeisen

ÍNDICE

El olvido y la calma: Una aproximación
José Abreu Felippe 11

Penúltimos poemas de José Abreu Felippe
Pío Serrano 17

José Abreu [Felippe]: El tiempo de la melancolía
William Navarrete 21

Las palabras en el borde del tiempo
Reinaldo García Ramos 23

En primera fila: Un teatro para ver y leer
Carlos Victoria 29

Abreu Felippe: Teatro del desarraigo
Ramón Luque 31

Del discurso escénico de la dramaturgia cubana continental
Matías Montes Huidobro 33

Barrio azul
Sarah Moreno 37

"Dile adios a la virgen" en el conjunto de la pentalogía de Abreu Felippe
Pío Serrano 39

El instante de un otoño
Zoe Valdés 41

De cómo construir una espiral abierta. O los dominios novelísticos de José Abreu Felippe
Rolando D.H. Morelli 43

Entrevista a José Abreu Felippe
Denis Fortún 54

Post scriptum: Mi generación
José Abreu Felippe 58

Visión complementaria: Otras opiniones críticas 61

Vivir en un estado de perenne éxaltación literaria 68

Colabor

ALEJANDRO ARMENGOL Radica en Miami desde 1983. Cursó estudios de Ingeniería Eléctrica y Física Nuclear en la Universidad de La Habana. También estudió Psicología, pero no ha ejercido nunca ninguna de estas profesiones. Desde hace más de quince años se desempeña en medios periodísticos. Artículos suyos se encuentran en revistas y periódicos de Estados Unidos y Europa. Algunos han sido galardonados por la National Association of Hispanic Publications. Trabajó, y escribe para *El Nuevo Herald*. Ha sido profesor adjunto en la Universidad de Miami. Libros publicados *La galería invisible* (cuentos), *Cuaderno interrumpido* (poemas), ambos en el 2000, y en 2003, *Miamenses y Más*, (relatos), todos bajo el sello Término Editorial. Es director editorial de la revista digital *Cubaencuentro*.

JUAN CUETO-ROIG nació en Caibarién, Cuba. Exiliado de la Isla en 1966, fijó su residencia en Miami. Ha publicado *En la tarde, tarde* (Poesía, SIBI, 1996); *Palabras en fila, en clase y en recreo* (Poesía, Verbum, 2000); *Ex-Cuetos* (Relatos, Universal, 2002); *Hallarás lobregueces* (Relatos, UltraGraphics, 2004); *En época de lilas* (Traducción al castellano de 44 poemas de e. e. Cummings) Verbum, 2004; *Verycuetos* (Crónicas), El Almendro, 2007; *Veintiún cuentos concisos* (Relatos), Silueta, 2009, por el que recibió la "Medalla de Oro" del "Florida Book Award" 2009; *Constantino P. Cavafy. Veintiún poemas* (traducidos del inglés), UltraGraphics, 2010; *Esas divinas cosas. Tribulaciones y alegrías de un traductor*, Silueta, 2011; *Lo que se ha salvado del olvido (Poemas y relatos de mi infancia)* Silueta, 2013; *Verycuetos II* (Crónicas), Silueta, 2014, y *Fruslería*, Silueta, 2016.

ARMANDO DE ARMAS (Santa Clara, Cuba, 1958). Narrador, ensayista y periodista. Licenciado en Filología (Universidad Central de Las Villas). En los noventa formó parte del movimiento por los derechos humanos y de cultura independiente que se manifestaba dentro de la isla. En 1994 logró escapar de Cuba en un barco. La revista *Lettre International, de Berlín*, publicó en 1999 una extensa crónica suya sobre la fuga desde la isla. Es co-fundador del capítulo del PEN Club de Escritores Cubanos en el Exilio, (1997), y autor de novelas *La tabla*, (Editorial Hispano Cubana, 2008), y *Caballeros en el Tiempo*, (Atmósfera Literaria, 2013); así como de varios libros de ensayos: *Mitos del antiexilio* (El Almendro, 2007) y *Los naipes en el espejo* (Latin Heritage Foundation, 2011). Entre sus colecciones de relatos se encuentran *Mala jugada* (D'Fana Editions, 1996) y *Carga de la Caballería* (El Almendro, 2006). De Armas escribe además para la página cultural de Radio y Televisión Martí, donde conduce la sección de *Arte y Cultura*.

LUIS DE LA PAZ (La Habana, 1956). Salió de Cuba durante los dramáticos sucesos de la embajada del Perú y el posterior éxodo del Mariel, en 1980. Desde entonces reside en Miami. Fue miembro del consejo de editores de las revistas *Mariel* (1983-1985), *Nexos* (1998-2001) y director de *El Ateje* (2001-2008). También formó parte, entre el 2005 y el 2011, de la directiva del "Instituto Cultural René Ariza", para la difusión y promoción del teatro cubano. Ha sido galardonado con el *Premio "Lydia Cabrera" de Periodismo Cultural* (2011), otorgado por ArtesMiami. Fue Vicepresidente del *Pen Club de Escritores Cubanos en el Exilio* y es miembro del *Colegio de Periodistas de Cuba en el Exilio*. Accésit al *Premio de Poesía "Luys Santamarina-Ciudad de Cieza"*, 2015. Ha publicado, entre otros, los libros de relatos, *Un verano incesante* (Universal, 1996); *El otro lado* (Universal, 1999); *Tiempo vencido* (Silueta, 2009), y *Salir de casa* (Alexandria Library, 2015). Y los cuadernos de poesía: *De espacios y sombras* (PR-Ediciones, 2015). Conduce en Miami el evento cultural "Viernes de Tertulia", en el *Miami Hispanic Cultural Art Center*, y escribe para *El Nuevo Herald*.

adores

MANUEL C. DÍAZ Escritor, fotógrafo y periodista. Encarcelado por intentar escapar de Cuba en una lancha, fue indultado en 1979. Tras su liberación consiguió salir al exilio con su familia. Trabajos suyos han aparecido en numerosas revistas literarias. Es miembro fundador del PEN CLUB, capítulo de Miami. Cronista y reseñador literario de *El Nuevo Herald* desde hace veinte años. Entre sus publicaciones: *El año del ras de mar*, (Universal, 1993), novela donde aborda el horror que le ha tocado vivir al pueblo cubano bajo el castrismo; *Un paraíso bajo las estrellas*, (Universal, 1996) colección de cuentos cortos que fueron transmitidos a Cuba por Radio Martí; las novelas *Subasta de sueños*, (Universal, 2001); *La virgen del malecón* (Baquiana, 2013), y un cuaderno de crónicas de viaje, *De Cádiz a Normandía* (Universal, 2016).

DENIS FORTÚN Nació en La Habana, en 1963. Es poeta y narrador. Artículos y crónicas suyas, con un toque humorístico sobre la cotidianeidad en Cuba y el exilio, aparecen con regularidad en bitácoras personales de otros autores, y en diversos ciberportales. Ha publicado *Zona desconocida* (Editpar, Miami, 2008), y *El libro de los Cocozapatos* (Editorial Silueta, Miami, 2011) y *Diles que no me devuelvan* (2012). Es editor de la bitácora *Fernandina de Jagua*.

REINALDO GARCÍA RAMOS (Cienfuegos, 1944). Licenciado en lengua y literatura francesas (Universidad de La Habana). Exiliado en Estados Unidos desde 1980. Trabajó para la agencia "The Associated Press" y como traductor en la ONU, puesto del que se jubiló en 2001. Ha publicado los libros de poesía: *Acta* (Edics. El Puente, 1962); *El buen peligro* (Playor, 1987); *Caverna fiel* (Verbum, 1993); *En la llanura* (2001) y *Únicas ofrendas, cinco poemas* (Betania, 2004); *Obra del fugitivo* (2006, XI Premio Internacional de Poesía 'Luys Santamarina-Ciudad de Cieza, otorgado en la Universidad de Murcia, Edics. Vitrubio) y *El ánimo animal* (Bluebird Eds. 2008). En el género testimonio *Cuerpos al borde de una isla; mi salida de Cuba por el Mariel* (Silueta, 2010).

RAMÓN LUQUE Profesor, escritor y cineasta español. Se desempeña como educador en la Universidad Rey Juan Carlos de Madrid. Su película, *Historias de Lavapiés* ha tenido un notable éxito y su libro, *Última novela: Cuba, 30 años del Mariel*, incursiona en la vida y obra de varios escritores cubanos.

CARLOS ALBERTO MONTANER (La Habana, 1943). Conocido y reconocido internacionalmente por su labor periodística, ensayística y narrativa, y por su actividad política e ideas liberales, ha recibido numerosos reconocimientos en los diversos campos de la actividad intelectual en los que se desempeña. Es fundador de la Unión Liberal Cubana, y fue vice-presidente de la Internacional Liberal, con sede en Londres. Es autor de veintitantos títulos, entre estos, las colecciones de relatos, *Perromundo*, (Ediciones 29, 1972), llevada al cine; *Poker de brujas* (Magisterio Español, 1978) y la novela *Trama* (Plaza y Janés, 1987), que cuenta con una segunda edición a cargo de la Editorial Planeta (1997) y varias ediciones sucesivas. De gran repercusión han gozado los volúmenes de ensayo político: *Doscientos años de gringos* (Sedmay Ediciones, 1976); *Manual del perfecto idiota latinoamericano (*Plaza y Janés, 1996*)*, escrito en colaboración con el periodista Álvaro Vargas Llosa y el periodista y narrador Plinio Apuleyo Mendoza, que ya cuenta con numerosas tiradas y traducciones a otros idiomas; *No perdamos también el siglo XXI, (*Plaza y Janés, 1997*)*; *Viaje al corazón de Cuba* (Plaza y Janés, 1999); *Las raíces torcidas de América Latina* (Plaza y Janés, 2002); *La libertad y sus enemigos* (Sudamericana, 2005); *La última batalla de la guerra fría*, FAES, Editorial Gota a Gota, Madrid, 2009 y muchos otros. Entre sus novelas más recientes se hallan *La mujer del coronel* (Alfaguara, 2011), *Otra vez adiós,* (Suma, 2012) y *Tiempo de canallas* (Suma, 2014).

Colabor

MATÍAS MONTES HUIDOBRO Dramaturgo, narrador, poeta, ensayista y editor. Es Profesor Emérito de la Universidad de Hawai. Autor de una profusa y variada producción, destacamos las novelas: *Desterrados al fuego* (1974), premiada y publicada por el Fondo de Cultura Económica, México; *Esa fuente de dolor* (1997), Premio "Café Gijón"; los volúmenes de cuento: *Ratas en la Isla* (Aduana Vieja, 2004); *El hijo noveno* (La gota de agua, 2007) y *Cartas de cabeza* (Editorial Persona, 2015). Su poesía ha quedado reunida en dos volúmenes: *Nunca de mí te vas* (1997) y *Un salmo quisiera ser* (2015). De su producción dramática mencionamos *Sobre las mismas rocas*, (Premio Prometeo, 1951) y *Las Vacas* (Premio Nacional de Teatro, 1961), *Los acosados, Gas en los poros, La Madre y la Guillotina* (1961), *La navaja de Olofé* (1982), *Exilio* (1988), *Oscuro total* (2000), *Su cara mitad* (2005) y *Un objeto de deseo* (2006). Tiene publicadas, aunque sin estrenar otro número de piezas. Entre su extensa producción ensayística debe mencionarse: *Persona: vida y máscara en el teatro cubano* (1973), *Persona: vida y máscara en el teatro puertorriqueño* (1986), *El teatro cubano durante la República* (2003), y cuatro volúmenes de la serie *Cuba detrás del telón*, publicados por Ediciones Universal entre el 2008 y el 2010. Es co-autor de *Celebrando a Virgilio Piñera*, publicado por Plaza Editores, 2013. En su mas reciente libro de ensayos hasta el momento, *Del areito a la independencia* (Editorial Persona, 2015) reúne sus trabajos sobre teatro cubano colonial.

ROLANDO D. H. MORELLI se doctoró en 1987 en Temple University, con las más altas distinciones del grado. Fue el primer exiliado del Mariel en obtener un doctorado en universidad alguna. Ha explicado clases en Haverford College, Tulane University, la Wharton Business School de la Universidad de Pennsylvania, y Villanova University. Narrador, poeta, ensayista, dramaturgo y editor, tiene publicados entre otros títulos la pieza teatral *Varios personajes en busca de Pinocho* (Hnos Saíz, Camagüey, Cuba, 1978), recogida luego de su publicación por las autoridades, a causa de su presunto contenido "diversionista", y el poemario *Leve para el viento*, (Asunción, Gestora Ed. 1978); los volúmenes de cuentos, *Algo está pasando* (1992), con una segunda edición bilingüe español-inglés; *Coral Reef: voces a la deriva* (Madrid, 2001), las colecciones de relatos *Lo que te cuente es poco* y *Para qué contarte, (Resumen cuentístico abreviado);* los libros para niños *Aldabón / Knuckles* (edición bilingüe) y *Pedro Nigua y sus amigos contra Juan el Zorro y sus compinches*. En 2003 obtuvo mención única por su libro de cuentos *Repaso de la sombra* (Inst. Cultural Iberoameric. "Mario Vargas Llosa). En 2015, publicó el desgarrador volumen de relatos *Una mirada abarca poco,* sobre el internamiento de homosexuales, religiosos y otros considerados indeseables porla tiranía castrista. Poemas y narraciones suyos aparecen en revistas y publicaciones, así como en antologías, *Shouting in a Whisper/ Los límites del silencio*, Asterión, Santiago, Chile, 1994. Editor, e investigador literario ha editado o re-editado, entre otros, los *Cuentos* de Ofelia Rodríguez Acosta, la auto-biografía y la poesía de Emilia Bernal Agüero y dos volúmenes de cuentos desconocidos de José María Heredia. Ha editado asimismo la novela *Dolores*, de Gertrudis Gómez de Avellaneda y una selección bilingüe de la poesía de Gastón Baquero. Es co-fundador y actual Director de las **Ediciones** *La gota de Agua*. Co-dirige la serie Dossier/ Cuadernos monográficos de esta editorial en unión de Kurt O. Findeisen.

SARAH MORENO Periodista cubana. Cursó estudios en la Facultad de Arte y Letras de la Universidad de La Habana. Es editora de la sección "Perspectivas" de *El Nuevo Herald*.

WILLIAM NAVARRETE (Banes, 1968). Narrador, ensayista, poeta y crítico de arte cubano, radicado en Francia. Estudió Historia del Arte en la Universidad de La Habana y Civilización Hispanoamericana en la Universidad de La Sorbonne, Paris IV. Ha publicado, entre otros títulos, *Animal en vilo* (Univ. Aut. de Nuevo León, 2016); *Lumbres veladas del Sur* (Aduana Vieja, 2008); *Edad del miedo al frío* ("Premio Eugenio Florit", Centro de Cultura Panamericana de Nueva York, Aduana Vieja); *Ínsulas al pairo* (antología de doce poetas cubanos contemporáneos en París, Aduana Vieja, 2005). Las novelas *La gema de Cubagua* (Lengua Editorial, 2011) y *Fugas* (Tusquets Editores, 2014).

adores

PÍO E. SERRANO Poeta, ensayista y editor cubano. Fue profesor del Departamento de Filosofía de la Universidad de La Habana. En Cuba participó de los proyectos culturales *El Puente* y *El Caimán Barbudo*, de los años sesenta. Vive exiliado en España desde 1974. En 1990 fundó la Editorial *Verbum*, una de las editoriales más importantes del exilio cubano. En 1996 fundó, junto al novelista cubano Jesús Díaz, la revista *Encuentro de la Cultura Cubana*, y fue miembro del consejo de redacción de la *Revista de la Fundación Hispano-Cubana*. Entre sus libros destacan *A propia sombra* (Vosgos, 1978); *Cuaderno de viaje* (Playor, 1981), *Segundo cuaderno de viaje* (Playor, 1987) y *Poesía reunida* (Ediciones Cultura Hispánica, 1987).

HERNÁN VERA ÁLVAREZ nació en Buenos Aires en 1977. Es escritor y dibujante. Reside en Estados Unidos desde el 2000. Autor del libro de comics *¡La gente no puede vivir sin problemas!* Ha colaborado en publicaciones de Estados Unidos y América Latina, entre ellas, *El Nuevo Herald*, *Meansheets*, *Loft Magazine*, *El Sentinel*, *TintaFrescaUS* y *La Nación*. Ha publicado *Una extraña felicidad (llamada América)*, y la colección de relatos *Gran nocturno*, que ya va por dos ediciones. Es coeditor de las antologías *Viaje One Way* y *Miami (Un)plugger*.

CARLOS VICTORIA (Camagüey, Cuba, 1950 - Miami, Estados Unidos, 2007), es uno de los escritores más sobresalientes de la llamada Generación del Mariel. En 1965 ganó el premio de cuentos auspiciado por la fundación de la revista *El Caimán Barbudo*. En 1971 fue expulsado de la Universidad de La Habana acusado de "diversionismo ideológico". En 1978 fue arrestado por la Seguridad del Estado cubana y todos sus manuscritos fueron confiscados. En 1980 abandonó la isla durante el Éxodo del Mariel. Entre sus libros destacan *Las sombras en la playa* (1992); *El resbaloso y otros cuentos*, (1997); *El salón del ciego*, (2004); *Puente en la oscuridad* (Premio Letras de Oro, Universidad de Miami, 1993), *La travesía secreta*, (1994) y *La ruta del mago*, (1997). Todos los títulos, salvo *Puente en la oscuridad*, publicados con Ediciones Universal. *Puente* ha sido traducida al francés. Hasta su muerte, Victoria se desempeñó como redactor de *El Nuevo Herald*. Fue galardonado con la prestigiosa Beca Cintas.

ZOÉ VALDÉS filóloga de formación, entre 1983 y 1988, trabajó en la UNESCO y en la Oficina Cultural de Cuba en París. En 1988 a su regreso a Cuba, participó en el movimiento pictórico del país, trabajó como guionista y fue subdirectora de la revista *Cine cubano*. Exiliada desde el 22 de enero de 1995, reside en París. Posee las nacionalidades española y francesa, y ha sido distinguida con el título de "Caballero de las Artes y las Letras" que otorga el gobierno francés. También ha recibido la "Grande Médaille Vermeil" de la Ciudad de París. Es Doctor Honoris Causa de la Universidad de Valenciennes.

La publicación en 1995 de *La nada cotidiana* (Emecé Ediciones), supuso un definitivo espaldarazo a su carrera literaria y la obra apareció inmediatamente traducida por prestigiosas editoriales de todo el mundo. A esta narración le siguió *Te di la vida entera* (Planeta, 1996), novela con la que quedó finalista del premio de esta editorial. Otras obras destacadas de la autora son *Sangre azul* (Planeta, 1987), finalista del premio de novela erótica "La Sonrisa Vertical"; *Café Nostalgia* (Planeta, 1997), *Milagro en Miami* (Planeta, 2001), *El pie de mi padre* (Planeta, 2002), y el volumen de cuentos *Traficantes de belleza* (Planeta, 1998). En el 2003 ganó la VIII edición del premio Fernando Lara con *Lobas de mar*, (Planeta). En el 2004 publicó *Los misterios de La Habana*. Aquel mismo año ganó el premio de novela Ciudad de Torrevieja con *La eternidad del instante* (Plaza y Janés). Más recientemente ha publicado la novela *La cazadora de astros* (Plaza y Janés, 2007) y el ensayo novelado *La ficción Fidel* (Harper Collings Publishers, 2008). En 2013 obtuvo el Premio Azorín con la novela *La mujer que llora* (Planeta). Su último libro hasta la fecha es *La Habana, mon amour*, publicado en el 2015 por la editorial Stella Maris.

EDICIONES LA GOTA DE AGUA

Intercambio con el lector...

Amigo lector, único y múltiple, agradecemos aquí tu confianza y tus opiniones, siempre bienvenidas, manifiestas a través del correo postal o por la vía electrónica, u otras de tu preferencia o a tu alcance. Ellas nos ayudan directa o indirectamente a esmerarnos en conseguir un producto de la más alta calidad posible. Igualmente nos complace (y ayuda efectivamente) tu patrocinio, que hace de cada nuevo título (en particular de esta serie monográfica) una aventura literaria tanto para los lectores a quienes se encomienda, como para todos los que participamos en su realización. A los bibliotecarios atentos y curiosos, a los departamentos de lenguas con sentido de actualidad y diversificación, a las universidades e instituciones de cualquier tipo que se interesan en la adquisición de nuestros títulos, damos aquí las gracias más sinceras.

Agradecemos también a otras editoriales, revistas literarias y publicaciones en general que nos honran con un intercambio directo, por el interés sostenido. Especial deferencia debemos a nuestros lectores residentes en el exterior, entre los que son numerosos los de individuos e instituciones de Australia, Taiwan, Europa y las Américas: Santo Domingo, Venezuela, Colombia, Chile, Argentina y Uruguay.

En momentos en que sale a la circulación éste, nuestro cuarto número, podemos anunciar que nos quedan en almacén poquísimos ejemplares de los tres autores estudiados con anterioridad, lo que da idea del éxito conseguido hasta el presente. Adelantamos, de paso, que los dos próximos números estarán dedicados a examinar la obra hecha, y a dar a conocer aspectos de la vida de los prestigiosos autores Mireya Robles y Orlando Rossardi, respectivamente, según anunciáramos con anterioridad, en cumplimiento de nuestro plan de publicaciones.

Los vaticinios de quienes apresuraban como cosa de juicio sereno su pesimismo, anunciando que no pasaríamos de imprimir un primer número, si es que llegábamos a sacar éste, pueden ir contando cuántos van hasta el presente. Adelantamos en contrario, que en alguna fecha no demasiado lejana, la colección se convertirá en valiosísima posesión en manos de individuos o instituciones, y que el estudio de la literatura cubana en la isla y fuera de sus fronteras, dispondrá con este conjunto, de un catálogo y de un manual de gran utilidad por la información y la pertinencia de los estudios sobre los autores que se destacan en la serie.

Una vez más, gracias a todos los que nos apoyan, por la perseverancia y por compartir con nobleza un mismo empeño creador y patriótico.

Los Editores.

EL OLVIDO Y LA CALMA:
UNA APROXIMACIÓN.
José Abreu Felippe

Con el título de "El olvido y la calma", el autor ofreció en 2004 una conferencia en el recinto universitario de Baruch College en la ciudad de New York, donde habla cándidamente sobre su niñez y adolescencia, y del germen de su vocación creadora, en particular se menciona su novela ***El instante***, la cual pertenece a la pentalogía cuyo título es precisamente el de su exposición. En virtud del sostenido interés de la misma, en la que se apuntan claves de gran importancia para el análisis y apreciación cabal de la vasta y diversa actividad creativa de Abreu Felippe, en correspondencia con los apuntes acerca de ella que hacen distintos críticos, reseñadores y comentaristas en el contexto de este dossier, se reproduce aquí el texto completo de dicha conferencia, lo que la coloca por primera vez al alcance de los lectores.

De niño, descalzo y sin camisa, solía sentarme al atardecer en el quicio del portal a ver como la noche caminaba hacia mi casa mientras la bombilla del poste de la esquina se iba poblando de mariposas. Era un círculo amarillo, lleno de nerviosos movimientos y rayos diminutos, que continuaba detrás de mis párpados si cerraba los ojos.

Sin pensarlo corría hasta el medio de la calle sin asfaltar y justo antes de llegar a la zanja que había en el centro, daba un salto y me quedaba flotando en el aire.

Dándole a las manos y a los pies, inmerso en aquel océano incoloro surcado por enloquecidos murciélagos, lograba poco a poco ascender; pero nunca, ni tan siquiera en los mejores intentos, lograba alcanzar el círculo que rodeaba el foco de la esquina. Irremediablemente caía y me veía echado sobre la tierra, palpitando excitado, con el cielo disparado de estrellas sobre mi piel. Entonces, asustado, volvía a la seguridad del portal y mi madre salía a regañarme porque estaba sucio (lleno de churre decía ella), y no me había bañado. Luego ella encendía la luz del portal y la magia escapaba. Algo como una cortina me aislaba de la noche y el círculo amarillo se hacía más difuso.

A media cuadra de mi casa se levantaba la ermita, completamente recubierta de conchas y caracoles. Por las mañanas, cuando mi madre me mandaba a comprar el pan, yo me daba una escapada hasta allí y de rodillas, a la entrada, escuchaba cómo el viento se escurría entre los caracoles. Por la boca de la ermita brotaba el rugir del mar, agitando la túnica de aquella virgen bellísima que mi madre había visto, siendo una niña, galopar hacia ella en

11

medio de la noche. Aquella boca giraba como un remolino, formando un círculo que me invitaba a entrar, mientras yo escuchaba el lamer de las olas e imaginaba que era la voz de Dios. Nunca pude entender qué me quería decir. Qué me advertía.

Unas cuadras más arriba estaba la loma. Allí, por las tardes, iba con mis hermanos y algunos amigos del barrio a empinar papalotes, a cazar pájaros en la arboleda que lindaba con la Quinta Canaria o a deslizarnos en yagua por las zonas más escarpadas. Pero también a veces iba solo

Casa del autor en La Habana, 1975

y me sentaba en la cima a ver La Habana como remachada a lo lejos. Me deslizaba entre las rocas buscando vidrios, pedacitos de vidrios, que eran mis tesoros. Vidrios que el tiempo había convertido en piedras de colores y que, desde luego, eran preciosas. El mundo a través de ellas se tornaba de un solo color. Verde, azul, o un ámbar que era casi amarillo. Del mismo modo me interesaba la piedra pómez, tal vez porque era fría y lisa (me gustaba pegármela a la cara). Y porque parecía muy dura, pero sólo en apariencia. La realidad era que se rompía hasta con la mano. Era una piedra dual, un rostro con dos caras.

Dentro de ese mundo pequeño e infantil, estaba siempre mi padre. Trabajaba con mi abuelo envasando miel y distribuyéndola por los barrios de La Habana en un camión azul. Muchas veces yo lo acompañaba hasta Matanzas a recoger los tanques en el colmenar de un amigo. Siempre regresaba exultante, con un cartucho de marañones (cuyas semillas mi madre luego tostaría en el sartén) y otro con santajuanas y peonías. De aque-

llos viajes me quedaba la brisa (la cabeza por fuera de la ventanilla), y el subir y bajar por unas carreteras estrechas bordeadas de verde. Y el mar, mostrándose imponente a lo lejos.

Pero mi padre también era los domingos en la Plaza, un mercado inmenso atiborrado de olores; y el sabor de las almejas con arroz, las manjúas y las ruedas de cherna fritas. Y los saquitos de bolas transparentes, todas iguales, que a cada rato nos traía; también los muñequitos del sábado con la tinta aún fresca y sus héroes voladores; y, sobre todo, una imagen. Todas las tardes, cuando llegaba del trabajo cansado, mientras mi madre preparaba la comida, se sentaba en el portal, en camiseta, a leer el periódico. Yo le veía desde abajo sumirse en la lectura de aquellas páginas enormes y me preguntaba qué podrían tener aquellas letras que lo aislaban del mundo durante horas. No le gustaba que lo molestaran cuando estaba leyendo. Ni se le podía hablar. El sillón donde él se sentaba a leer no sólo era un sitio sagrado, sino peligroso. A su alrededor se levantaba una campana de silencio que nadie podía penetrar sin atenerse a las consecuencias.

A mi padre le fascinaban las novelas de vaqueros y tenía decenas de ellas que se pasaba la vida intercambiando con otros viciosos lectores. Hoy sospecho que por aquellas páginas que combinaban el misterio y la aventura, entró Octavio.

Un día, a escondidas, hurté una de aquellas novelas de vaqueros y me escondí debajo de la cama a leerla. Después me leí casi todas las que guardaba en la segunda gaveta de la mesita de noche, junto a la cama; pero no me gustaron. Me parecían todas iguales, con el duelo al final entre el bueno y el malo en la calle principal del pueblo. Por supuesto, carecían de tensión porque se sabía que el bueno siempre iba a ganar. Así que abandoné la lectura de las novelas de vaqueros y me dediqué a devorar las revistas y los escasos libros, que no recuerdo cómo, aparecían por la casa. No teníamos televisor y los radios duraban poco (tenían la rara costumbre de salir volando por las ventanas). La mayor parte del tiempo, cuando no andaba mataperreando por la loma o sentado en una rama del aguacate del placer de al lado, o cavando túneles y guaridas secretas para esconder mis tesoros (vidrios, pedacitos de vidrios), o volando sobre la zanja para alcanzar el foco de la esquina, me acostaba sobre el cemento del portal a inventar historias. Aunque aún no lo sabía, Octavio ya respiraba a mi lado.

Mi madre, era la otra mitad de aquel pequeño mundo. Pero era otra cosa. Algo fresco y suave que se movía de un lado al otro de la casa, lo mismo peleando con mi padre porque no arreglaba el techo y ya llovía más adentro que afuera (su preocupación era el alpiste para los tomeguines, según ella), que cantando en el patio, junto a la batea, alguna canción de Vicentico Valdés o de Panchito Riset. Mi madre tenía la música y como el círculo amarillo que se formaba todas las noches alrededor del foco de la esquina, como la boca de la ermita, todo giraba a su alrededor y se hacía cálido, seguro, mientras la prodigaba. No había temor a su lado, era el sitio donde llegar y reposar sin tomar precauciones.

Mi madre también era los tilos y una glorieta de un parque en El Vedado. Un pasillo largo de palanganas y orines y una fuente de bordes carnosos al pie de unos laureles. Es decir, mis abuelas. Mi abuela Blanca con un ojo azul y otro carmelita y mi abuela Tata, que en realidad era mi bisabuela, con su peineta de carey y sus trescientas argollas llenándole los brazos (una de ella, roja, se rompería contra el asfalto al final de la historia) y las cajitas de fósforos vacías, antiguas, misteriosas, que se levantaban en columnas hasta el techo del cuarto del solar. Una jicotea arañando infatigablemente el esmalte de la palangana y un cubo para el agua cubierto con un cartón. Y mi abuela María, preocupada porque a su hija loca le había dado ahora por treparse en el Templo Mayor de Chichén Itzá y por enamorarse, perdidamente, de un maya yucateco. Era septiembre y la vuelvo a encontrar sembrando el almendro en el jardín.

Cilindro azul, supe que no hay cilindro azul. Octavio, niño, construía sin proponérselo una simbología personal y ganaba una familia. Después, con la adolescencia vendrían los paisajes. También ELLA, revoloteando sobre el cuerpo de su abuela Tata en una habitación de paredes muy blancas en el segundo piso de la Clínica Lourdes... Antes, aterrado, la había adivinado por entre los barrotes de un ventanuco: colgaba de una soga y balaba en la sangre que iba cayendo en el cubo. Su abuelo, que acababa de degollar al carnero, lo veía morir impasible, y él se preguntaba que por qué tardaba tanto aquel animal en morirse y rezaba para que muriese. No mires, le decía su madre, pero él cerraba los ojos y seguía oyendo, seguía viendo. Nada sabía del tiempo de la muerte. ELLA ya estaba ahí y lo acompañaría hasta que se cerrase el último círculo.

ELLA reinando en los paisajes. *Barrio Azul*, el color de su infancia, con su placer, su loma y su poceta, era un paisaje que la muerte barría junto a las hojas del almendro. *Sabanalamar* traería otro rostro, un monte, un río deslumbrante, cuerpos ansiosos y desnudos, pero los tiempos ya habían dejado de ser benévolos y se tornaban convulsos. Octavio empezaba a crecer al ritmo de otra música. En mayo de 1961 tenía 14 años, que ya se sabe que no son muchos años, y la revolución que marcaría su vida y la de todos los cubanos, todavía no había cumplido tres. Multitud de olores indescifrables lo forzaban a descubrir. Ya no eran sólo las hojas moradas de los mangos, ni los troncos

El autor, sus padres y dos de sus hermanos en la casa familiar de Miami, 1992

húmedos y rijosos del platanal, ni el fango en la poceta. Ahora era la piel, el placer de tocar, palpar, texturas alucinadas; de probar, de sentir la sangre alborotada y al final, las bejuqueras a lo largo del río, y la miel de aguinaldo brotando, derramándose, mientras estallaban bombas en la ciudad y los hombres morían o los mataban.

Después, con ese peso cada vez más extraño en las pupilas, regando espuma sobre el asombro, llegaron las lluvias. *Siempre la lluvia*, la adolescencia dividida en tres jornadas demenciales, cada

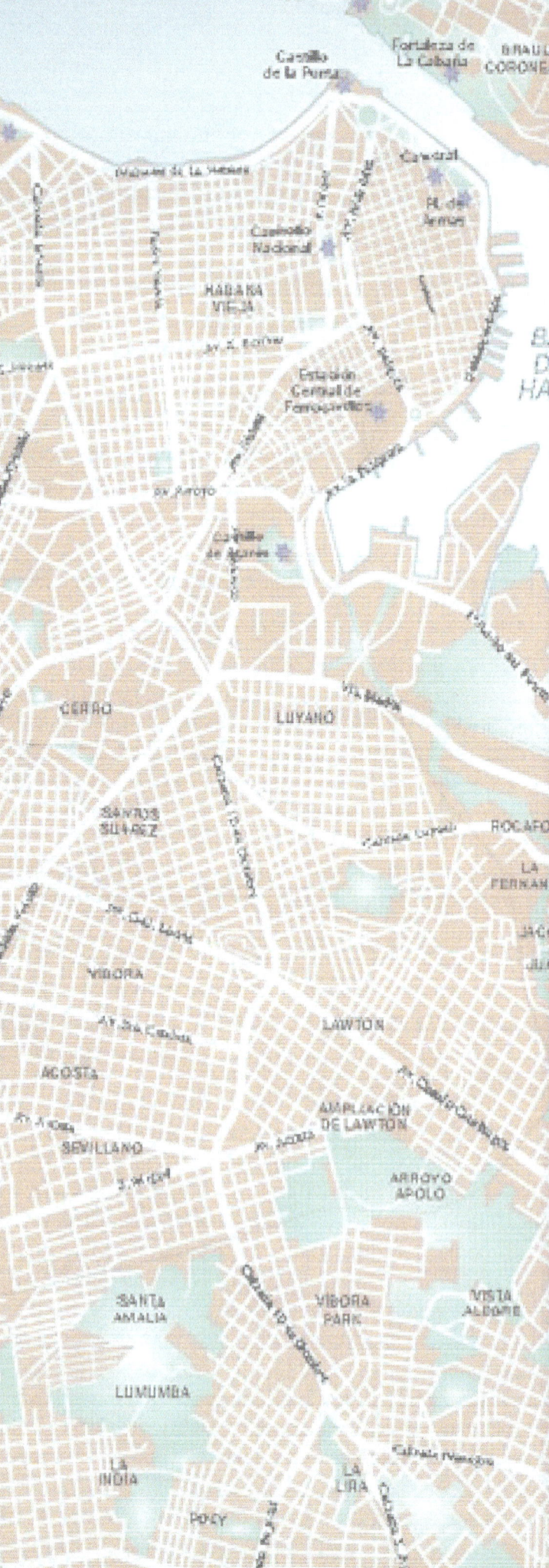

una marcada por una vida rota. Un recluta muerto de un disparo, otro por una ráfaga; y con el último, andaría 32 kilómetros a caballo atravesando una llanura que todavía lacera la memoria. Octavio sobrevivirá para descubrir que todo lo hermoso de la vida podría resumirse en un instante. El amor ya no era sólo un cuerpo que se le brindaba cuando podía, sino unos ojos brillantes que exorcizaban el espanto. Una historia de amor que se prolongaría por casi una década, todo un largo aprendizaje para crear una costumbre y aferrarse a ella. Total, para descubrir al final que su amor no era capaz de retener, ¿y qué tan fuerte puede ser un amor que no es capaz de retener? Esa es la tragedia de *El instante*, con los años 70 de fondo, que como ya se sabe, desembocarían en el éxodo del Mariel.

Después de asistir a la destrucción de su casa, de su familia, de su amor, de sus ilusiones, de sus esperanzas, de sus sueños de creador, ¿qué le quedaba a Octavio que no fuera decir adiós? *Dile adiós a la Virgen*, le diría un amigo casi al final de la historia. Ya nunca podría volar sobre la zanja del medio de la calle, la ermita se desmoronaba y la loma era apenas un montículo atestado de casuchas de zinc. Destierro, exilio, la obstinación de construir una historia que abarcara el círculo completo, y escapar perseguido por un poema de Kavafis. Entonces, al final, viendo que su vida había estado marcada por una espiral, donde los círculos se cerraban goteando pérdidas, descubre, o tal vez no lo descubre, que siempre estuvo equivocado, que el objetivo en vez de retener es soltar amarras, tirar lastre, volver a la desnudez primigenia, porque quizás y solamente allí, encontraría lo que estuvo buscando sin saberlo hasta la última bocanada de aire: *El olvido y la calma*.

Muchas gracias.

24 de septiembre de 2004

LA POESÍA DA DE QUÉ HABLAR

UN SUEÑO

Estoy en la acera de enfrente.
Ahora hay un hueco donde estaba la fachada.
La escalera de mármol se mantiene,
sigue ascendiendo hasta el segundo piso.
El techo está bellamente decorado, no me había f…
Los colores adentro contrastan con el ne…
Mi madre me dice que no me preocu…
que no importa.
Michel quiere tirar una foto co…
y no puede.
Yo tampoco, la cámara no …
Observo los extraños relie…
dos rostros cuya expresi…
Un amigo se acerca p…
Doy un paso hacia l…
y entonces veo el r…
con sus letras roja… de la tarde.

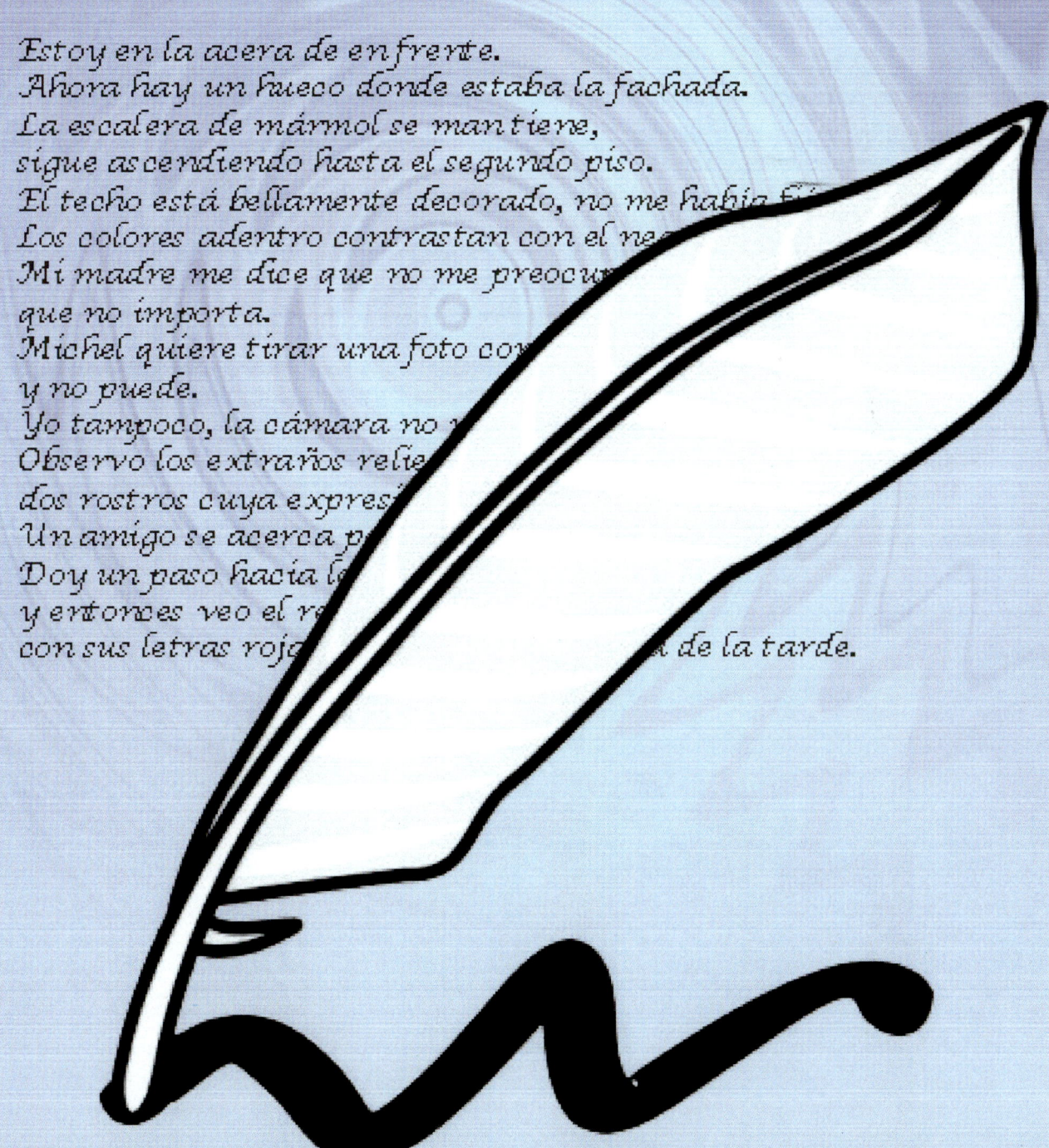

EL TIEMPO SOMETIDO
mi poesía (1973-2016)

JOSÉ ABREU FELIPPE

Esta es poesía de exilios; no sólo de los exilios políticos y patéticos nuestros de cada día, sino también de esos otros exilios del alma en el alejamiento de la divinidad en su cópula con los demiurgos y los demonios. Hay aquí algo como de desarraigo y desgarramiento y desencuentro; de ávido avatar, de noria y nostalgia.

Armando de Armas

En la obra de José Abreu Felippe en un principio fue el verso, la poesía. Por eso no es de extrañar que en su extensa escritura narrativa el gesto poético sea una presencia constante, el hilván que deposita en el lector el misterio que sólo la poesía puede revelar. Y es que José Abreu Felippe es, sobre todo, un poeta, cuyo ojo, por encima de lo circunstancial transitorio, ve más allá y su revelación nos estremece. Así, en un final, regresa, felizmente, al verso, a la poesía.

Pío E. Serrano

De vuelta de casi todos los infiernos –y de algunos pequeños paraísos también–, que si no quién aguanta–, Abreu Felippe nos sacude con este libro tristísimo, amargo, que deja pocos lugares a donde asirse. Poesía serena, sin embargo, donde el dolor y la pérdida marcan el rumbo de los adioses.

Luis de la Paz

Penúltimos poemas de José Abreu Felippe

Pío E. Serrano

En 1985 publicamos en Playor, donde yo era una suerte de director de publicaciones, el primer libro de José Abreu Felippe que alcanzaba la luz de las prensas, *Orestes de noche*, escrito en La Habana en 1978 y rescatado, gracias a los milagros que bien conocen los exiliados, a la complicidad de los amigos y a las distracciones de los feroces aduaneros, entre otros avatares. El poeta se rebelaba en este libro como un auténtico creador.

Orestes de noche nos da la clave de una de las angustias más permanentes en el autor, probablemente surgidas por la temprana atmósfera claustrofóbica que conoció antes de comenzar a escribir sus primeros poemas: la soledad, el extrañamiento respecto a una sociedad con la que no se identifica, la siempre presente represión. Y

esta angustia, tan propia de nuestro autor, tan ajena a otros poetas de su generación, tan paradójica, que más que anhelar 'los espacios abiertos' dirige su ansiedad hacia el silencio de 'la ausencia', de 'la pérdida', para convertir estos registros en el feliz, también amargo, paladeo de la memoria que parece nunca agotarse en el trajinar de los recuerdos. Sólo se posee lo que no se olvida, parece decirnos.

Y es que la memoria poética de José Abreu Felippe se alimenta permanentemente de recuerdos trascendidos por el ímpetu creador de la imaginación. En sus poemas, el lector adivina que la fuerza motriz de la nostalgia es, además de recuperadora, transformadora: la cópula feliz del renacido acto poético.

La idea de "La vida como una serie de pérdidas" —confiesa a Lilliam Moro— tiene mucho que ver con otra de sus constantes obsesiones: el paso del tiempo. Un tiempo subjetivo alimentado por un desasosiego existencial: "el tiempo apremia", "los días se suceden atropelladamente"; y esa hipérbole juvenil, "Yo envejezco, yo me agoto, yo me acabo", ¡Y esto contado entonces con 31 años! Y ambos, el sentimiento de pérdida y el agobio del tiempo, reconciliados en el fatigoso ejercicio de la memoria.

II

José Abreu Felippe llega a *Orestes de noche* después del largo derroche de su primera escritura poética, depositada con urgencia en el papel como alivio al desconcierto que lo habitaba en la década de los setenta. Centenares de poemas, afortunadamente —nos dice su autor— desaparecidos. Aquel desmesurado ejercicio, sin embargo, le sirvió para "soltar la mano" y lentamente dotarse de un instrumento cada vez más auténtico. Todavía en esta compilación permanece el vestigio de aquella desazón, de aquella mano de ciego que en el silencio de sus ojos va palpando, insegura aún, la realidad poética, pero que todavía se le resiste. *Destrucciones* (1973) quizá sea el epítome de aquella temprana escritura, donde desaliento y desmesura nos van entregando la temperatura del poeta en ciernes, pero que, entorpecido por el desconcierto formal en que se inscribe, únicamente deja ver un nervioso balbucir. Sin embargo, en su "Segunda parte" los poemas se inscriben en otro de sus temas recurrentes: ese desasosegado diálogo con el amor. El amor y el deseo como necesidad existencial, tan gideano; el amor hedonista, libre de toda culpa, tan cernudiano; el amor y la destrucción, tan lorquiano, y, ¿por qué no?, esa revelación del amor narcisista: "al final / uno / se encuentra amando / el reflejo / de uno".

A *Orestes de noche* le precedió la escritura de *Cantos y elegías* (1976), aunque publicado con posterioridad por Playor en 1992. Seis largos poemas, divididos a su vez en sucesivas partes, el último llega a diez cantos. Son poemas extensos, articulados en sus fragmentos en un discurso unitario.

A la voz íntima que no cesa de interrogarse se une el registro testimonial, declarativo. Por primera vez el espacio emocional hogareño, las figuras familiares, el entorno doméstico —la casa, sus luces, la puerta del patio, las manos del padre, el perro, los pájaros— y la inmediatez de un barrio cariciosamente inventariado ("Los vientos de Cuaresma", II), todo ello, todos estos recuerdos trasmutados en feraz memoria, son percibidos por el lector como una adelantada nostalgia. La singular nostalgia del presente vivido como pasado. No es de extrañar, pues, que la muerte, el diálogo con la muerte, ocupe un espacio sustancial del libro. El poema "Atronadora y blanca", iniciado con el que posiblemente sea el más espléndido fragmento del libro (I), los breves versos evocadores en el presente de una futura muerte de la madre, intensos en su economía, conmovedores en su ternura contenida, abre las puertas a una sucesiva interrogación sobre la existencia y su sentido.

III

Aspro è l'esilio
QUASIMODO

El tiempo afuera (2001), ganador del III Premio Internacional de Poesía "Gastón Baquero" 2000, mereció la atención de un Jurado compuesto por tres de las voces más representativas de la poesía en nuestra lengua, el español Luis Antonio de Villena, el boliviano Pedro Shimose y el cubano Felipe Lázaro, que en su fallo valoró: "la alta calidad expresiva de su escritura testimonial, la precisión del lenguaje poético y la capacidad alusiva y simbólica para revelar al lector aspectos inusitados de la naturaleza humana. La desgarrada presencia del amor, del dolor y del exilio dotan a la obra de una fuerza extraordinaria."

Con esta obra, avalada por el prestigio del jurado, comienzan a aparecer los libros de poemas escritos por Abreu fuera de Cuba, inmerso ya en la experiencia del exilio. Es decir, el viaje al interior. El tiempo afuera cobra una doble intencionalidad. Por una parte es el adentramiento de la memoria que se alimenta desde la distancia; por otra, el diálogo con la soledad y el extrañamiento, la constatación del desarraigo.

Más concentrada, la dicción se torna ahora en una expresión más breve, acude a una más condensada formulación. No busca adventicias distracciones que lo alejen de la centralidad del poema. Esta insatisfecha y personalísima soledad que lo acompaña, tan lejana del entusiasmo que a veces le brotaba instalado en su paisaje natural, desnuda su escritura. Pero la raíz de la savia nutricia que alimenta su palabra permanece indemne.

La evocación de la familia, bien rememorada en la cálida luz del pasado o desenfocada en el ámbito inhóspito del destierro, es un tema recurrente, interrumpido por la pérdida inesperada y violenta de la madre, revelada en la contenida y desconsolada ternura de dos poemas: "No tenía la música (1995)" y "Cumpleaños (1998), contrafaz de la feliz ternura de "Atronadora y blanca" (1976). Como lo es también el testimonio del desolador desencuadre en que el autor habita su exilio. O ese "vivir insatisfecho e insaciado" que no se resiste al cuerpo y al amor, por más que lo amenacen "la soledad y muerte". O esa ira que se crece en un mar que cobija en sus olas el desamparo de balseros y "las cenizas hastiadas de Reinaldo Arenas", poemas de resistencia y denuncia.

Es curioso, pero José Abreu habría podido instalarse en el frío confort de un college en la América profunda. Sin duda habría sido un excelente profesor de literatura, como fue opción para otros de su generación, pero más triste. En su lugar, Abreu eligió un oscuro y poco comprometido trabajo de contable en Miami, dispuesto a no entregar un minuto de su pasión, de su inteligencia a otra cosa que no fuera la entrega total a la escritura, y por su voluntad de no alejarse del humus del habla, de las costumbres, de los sabores e, incluso, de las fatigas del ser cubano.

IV

De vuelta (1999-2012) y *El tiempo a la mitad* (2014) son los penúltimos libros de poesía publicados por José Abreu Felippe. Penúltimos porque creo que en sus cajones secretos, en su pasión por la escritura están reservadas nuevas y futuras entregas.

Desde la madurez física y emocional, desde el dominio seguro de su expresión, Abreu Felippe, visitante asiduo de exaltaciones y moderadas nostalgias, se acoge ahora en estos dos libros a un desacostumbrado tono elegíaco. Cierto que su poesía no ha estado exenta de una memoria melancólica, de un profundo sentimiento de orfandad existencial, de un minucioso inventario de despojos y de la certidumbre de haber sido desterrado del paraíso de la infancia y sus domésticos rumores. Pero ahora otras certezas insoportables acuden a su escritura: la derrota del cuerpo, lacerante victoria del tiempo; el humillante espejo que únicamente refleja ausencias, inquietantes presagios; la amistad disuelta en fugitivas sombras, únicamente devueltas a la vida en su escritura; el inconsolado gesto de recuperar a la arrebatada madre en los menudos, pobres, restos de sus afanes cotidianos.

Cumple cabal Abreu con el rito del paso de las estaciones, pero no se resiste en estos libros eminentemente elegíacos a celebrar la resistencia del amor —*Amor omnia vincit*—, sobreviviente en esas "ruinas devotas", allí donde unos "ojos no han perdido su brillo"; tampoco ofrece resistencia a recuperar el cálido refugio que le brindó Madrid, ni la ternura con que rememora en espléndido

poema a su amiga, Edith Llerena, "Una gran dama".

Quedamos sus lectores, pues, por sus próximas entregas.

V

Aunque en la obra poética de este autor se pueden apreciar momentos propiciados por la denuncia política, como Cabrera Infante, quien prácticamente preservara su obra narrativa del discurso político para depositarla en artículos, ensayos y conferencias, Abreu ha reservado su vehemencia denunciadora para otros géneros. Su escritura se ha desbordado en la narrativa —novelas y cuentos—, el teatro, el ensayo y la crítica literaria.

Autor de una saga, la pentalogía "El olvido y la calma": **Barrio Azul** (Miami, 2008), **Sabanalamar** (Miami, 2002), **Siempre la lluvia** (Miami, 1994), **El instante** (Miami, 2011) y **Dile adiós a la Virgen** (Barcelona, 2003) Abreu Felippe ocupa un lugar único en la historia de la literatura cubana. El sostenido aliento de esta epopeya de profunda huella autobiográfica abarca el recorrido vital del autor, al tiempo que traza el agobiante escenario social y político de la Isla; la sofocante atmósfera de un régimen que no sólo reprime brutalmente sino que se acoge a los más variados resortes para emascular y someter a un cotidiano terror a sus ciudadanos.

Sus relatos, de temática más íntima y personal, a los que no les faltan el humor y el erotismo, están recogidos en **Cuentos mortales** (Miami, 2003) y **Yo no soy vegetariano** (Santo Domingo, 2006).

Sus numerosas obras de teatro se han estrenado y publicado en Miami (**Amar así**, 1988) y en Madrid por Verbum (**Teatro**, 1998). El autor ha recibido el *Premio Baco* de Teatro 2012, concedido por Teatro en el "Miami Festival".

121 lecturas (Neo Club Ediciones, Miami, 2014), recoge un número igual de reseñas y ensayos sobre literatura cubana y universal. En el ejercicio de la crítica literaria, Abreu da muestras de una extensa cultura y de un inteligente ejercicio del juicio, circunstancias que le sirven para dotar sus comentarios de una riqueza y densidad que desbordan la habitual atonalidad del género.

JOSÉ ABREU [FELIPPE]:
EL TIEMPO DE LA MELANCOLÍA

William Navarrete

En París hay nieve, lluvias frías, otoño. De pronto todo puede volverse melancólico, excepto uno, y es que "El tiempo afuera" —parafraseando el título del poemario de Abreu— nos roba ese lujo y nos preserva también de él, para que no muramos definitivamente.

José Abreu Felippe (La Habana 1947) ganó el Premio de Poesía Gastón Baquero el año 2000, y es la misma editorial *Verbum* que lo premiara, la que publica su excelente poemario *El tiempo afuera*. (...)

Libro escrito desde el sol, desde el alegre decorado de las reverberaciones, el tiempo afuera es la pavorosa entraña del hombre. En este caso, de un pueblo, su historia y esa otra "ciudad". Es la parte que esconde la sonrisa cubana, la que no se suele revelar por temor al efecto que provocan las palabras como desamparo o fragilidad. Me sobrecogen los dos últimos versos del poema *Lo que he ganado*. En ellos, Abreu canta: "creo que lo único que he ganado todo este tiempo / es estar más cerca de la muerte". Y entre dolores y satisfacciones, el poeta nos anuncia, campanada de sosiego, de paz, que se adquieren sólo a través de la sabiduría, y de ese estado ecuánime que sólo ésta puede proporcionar.

Gira la música de estos versos alrededor del tiempo. ¿Qué tiempo hace afuera? Y ante esta interrogante, nadie dejará de mirar a través de la ventana para convertirse en el interlocutor del viento, las nube e, incluso, las estrellas. Pero, ¿la respuesta da pruebas del tiempo verdadero? El poeta no cree en la tibieza de un rayo de sol sobre su piel, tampoco en el viento que anuncia la danza de las hojas, para Abreu el tiempo nace en lo muy dentro, en lo profundo de cada ser; y se manifiesta luego afuera. En *El invierno en Miami*, estación incierta, porque: el invierno en Miami sólo cala por dentro.

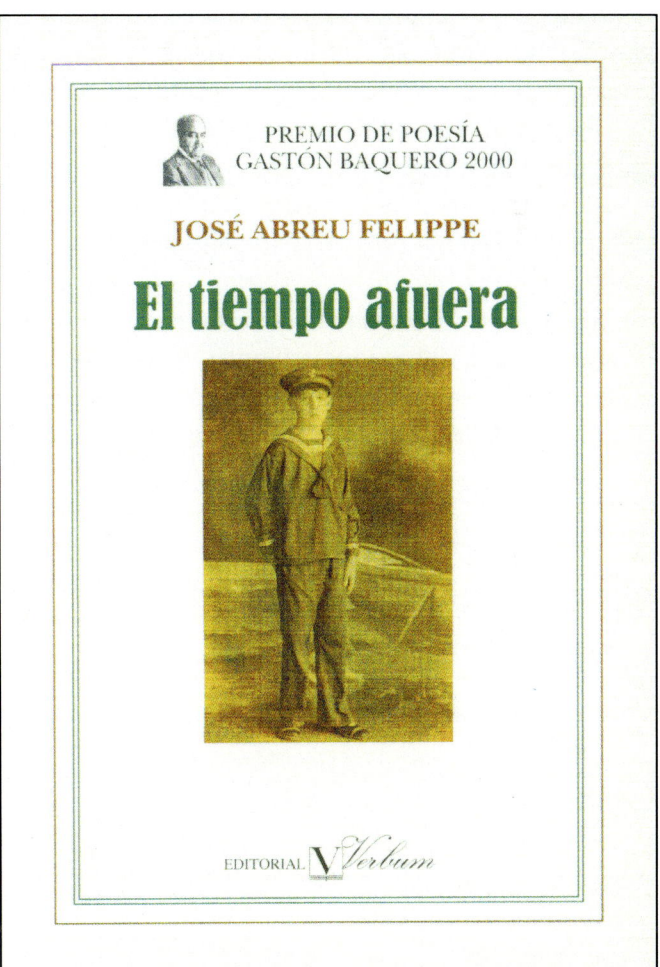

Y vamos recitando emociones: un pálpito frente a la puerta de los leones en Micenas, un rubor ante el pañuelo rojo y enamoradizo del lagarto contemplado desde el carro, una mirada de complicidad hecha cenizas en las aguas del madrileño parque de "El Retiro". Nos hacen jugarretas los versos dando saltos alegres —muy pequeños— cuando nadie recuerda el sitio donde el abandono es el único celador del tiempo y el dolor, el hipócrita acicalado del sol.

Ningún incidente externo al ritmo propio del poeta cobrará tanta vida como la muerte. Y es ésta, la muerte que se cierne sobre el éxodo, la que sobrevuela las balsas a la derivas dejándolas vacías. Aun en estas dolorosas circunstancias, la voz de Abreu —voz abrumadora— no romperá la paz de la palabra dictada. Sus invocaciones primeras son *Canto a la Virgen, Oración* y *Balsas*. Se suma a su voz el clamor de todos, clamor confuso y consternado de todos, que anuncia Abreu desde su primer verso de *Canto a la Virgen (cubana)*: "Necesito ver tu imagen para concentrarme". Para creer —invocamos— que tanto horror sea posible bajo tu manto.

Constituyen el libro 28 poemas y una coda, festiva por su métrica, sonámbula en su andar: 3 sonetos que llama Abreu "malditos". Pero el tiempo sigue estando afuera, tiempo desde afuera. Ese afuera que no suena a sol ni a música para el alma cubana; palabra que excluye a unos y otros, a unos de otros, que nos separa y nos hace vagar sin tiempo, que rasga nuestros sentido como si tiras fuesen. Y nos obliga Abreu a tomarle el pulso a la melancolía, a desenterrarla del olvido, y a correr la cortina del tiempo para sentir que afuera es adentro y que es muy dentro de cada uno donde se anida, en silencio, el errar del alma.

(Tomado de **El Nuevo Herald**, 24 de junio, 2001)

LAS PALABRAS EN EL BORDE DEL TIEMPO

Reinaldo García Ramos

Según todo parece indicar, hay dos maneras básicas de ubicar un poema en relación con el momento de su composición: tratar de circunscribirlo a su hora, a su momento exacto, con lo cual el decursar de las imágenes adquiere una vinculación necesaria con lo que el autor padecía o disfrutaba en el instante de la escritura; y, en el otro extremo, opacar o desatender esa vinculación, o disfrazarla, considerando el texto una entidad atemporal, de valor absoluto, desligada del aquí y del ahora, y tal vez más cercana a lo eterno. En la primera opción entrarían los autores que se sienten más ligados a su panorama tangible, más inmersos en el azar de los desastres y alegrías que han afectado directamente al individuo que escribe; en la segunda, los autores que buscan resguardarse en valores más abstractos y no quieren referirse explícitamente a sus vivencias inmediatas, sino extraer de ellas versos menos circunstanciales. Desde luego, hay formas híbridas que buscan ubicarse en puntos intermedios, pero que casi siempre terminan revelando su inclinación más o menos pronunciada hacia una de esas opciones.

En lo que respecta a esas dos posibilidades, el poeta José Abreu Felippe, nacido en La Habana en 1947, ha adoptado una actitud particular para entregarnos su libro, *El tiempo afuera* (Verbum, Madrid, 2000) *[1]*, con el cual obtuvo el Premio de Poesía Gastón Baquero del año 2000. Este poemario, contiene textos que están rigurosamente fechados y que fueron escritos a lo largo de 22 años (entre 1977 y 1999), pero que no aparecen en su orden cronológico, sino que saltan en el tiempo, como las notas de una polifonía más agresiva. De hecho, tres poemas escritos en 1977, los más antiguos, son los últimos del libro, como para subrayar una inversión del orden cronológico usual. Y si bien el poeta eligió ciertos temas que se refieren a determinados hechos de su vida inmediata, éstos no imponen un carácter factual y llano a los poemas, sino que los proyectan en un sistema de reflexiones y conclusiones en que esos hechos buscan sumarse a un discurso más trascendental. Como si el autor creyera en su propia forma de atemporalidad, en la que estén presentes determinadas acciones que han moldeado su vida, pero sólo para tratar enseguida de captar la resonancia de esas acciones en un sistema de apreciaciones generales. Esa especie de dispersión cronológica también ha estado presente en la forma en que este autor ha presentado hasta ahora el resto de su obra poética *[2]*. Comenzó a publicar esa obra, desde luego, después de su salida de Cuba en 1983, pero su primer poemario publicado en el exilio fue *Orestes de noche* (Editorial Playor, Madrid, 1985, Colección "Nueva poesía"), que en realidad era el segundo libro de poemas que había escrito (aparece fechado en 1978). Siete años después, sale a la luz *Cantos y elegías* (Editorial Verbum, Madrid, 1992), escrito dos años antes de *Orestes de noche*. Aunque esto pudo haber sido simplemente el resultado de las dificultades

habituales con que tropiezan los poetas cubanos exiliados para publicar sus obras, es posible que el autor haya captado de antemano las preguntas que los lectores y los críticos podrían hacerse al respecto. Para ese aparente desasosiego, el nuevo poemario propone una solución casi lúdica: recoge textos que fueron escritos durante todo ese largo lapso de 22 años, y los presenta en un particular desorden, como para anular la trascendencia de las fechas en lo que respecta a la continuidad de la labor poética. Si eso fuera así, la revelación de las fechas de composición de cada poema al final del texto respectivo supondría cierta actitud irónica, o un modo ambiguo de subrayar la relatividad de esas mismas fechas. Pues lo fundamental, y no está de más subrayarlo ahora, se revela en los poemas mismos, no en los ordenamientos que haya querido darles su autor. Por eso, habría que destacar que, sea cual sea el orden o la fecha de cada texto, es indudable que Abreu Felippe decidió poner en este último libro los poemas que él consideró más sólidos (31 en total) de los que escribió y guardó, inéditos, durante esos 22 años. Sobre esa base, es fácil apreciar que en este volumen el autor define en términos más exactos sus intereses temáticos y agudiza con acierto sus recursos expresivos. El nuevo libro tiene una sostenida nitidez estilística.

Muchos de esos intereses temáticos se anunciaban ya en sus libros anteriores (la nostalgia de una juventud sensual en su país natal, el amor, incluido el amor filial, la caducidad de ciertas posesiones), pero adquieren en este volumen contornos más inequívocos y dramáticos. En muchos casos, esos temas reaparecen redefinidos por determinados hechos más recientes. Entre esos hechos, mencionemos la llegada del poeta a Estados Unidos desde España en 1987, y el enfrentamiento con las manías de consumo norteamericanas y con la vacuidad de ciertos modos de vida urbana derivados de esas manías, y sobre todo, la pérdida en condiciones trágicas de su madre, la desaparición del padre, la crisis de los balseros cubanos en 1994, el pavor ante la vejez, etc.

A modo de ejemplo, sigámosle la pista a uno de esos temas, y tratemos así de ver si esta obra poética ha cobrado esplendor y continuidad a lo largo de estos años, o ha alterado sus rumbos, aspectos y dimensiones. Elijo tal vez el tema más ferviente y doloroso del libro: la orfandad, la percepción luctuosa de la existencia tras la pérdida de la madre en condiciones trágicas, y la presencia que ese hecho cobra entre los aspectos restantes de la vida y entre las imágenes del discurso personal del autor.

Es curioso que en *Cantos y elegías*, libro que el autor había escrito en Cuba a los 29 años, hay un hermoso poema en que éste presiente la pérdida de su madre, pero pide que ese hecho se manifieste dulcemente, *"así como tan tierno su pelo / bajo mi mano cede"*. Pero en medio de esa dulzura, un corrientazo nos alerta súbitamente sobre el *"desconcierto que ya nos acompaña"*, pues el poeta sospecha también que la muerte de su madre ocurriría *"inesperadamente, y se caiga como suelen los árboles"*.

Más adelante, en su segundo libro (*Orestes de noche*), el poeta parece reiterar esa comprensión magnánima de la caducidad ("*sólo la pérdida es eterna*"), pero esta vez vislumbra el aspecto rege-nerador de esa condición, que se revela en una continuidad menos anecdótica. En uno de los poemas memorables de ese volumen (*Museo Nacional*), el autor recorre los fríos pasillos atiborrados de obras de arte, descubre súbitamente la presencia de una forma desconocida de muerte en esas "*cosas*", objetos presuntamente inmortalizados por la voluntad artística, y siente la nostalgia de la vida real, que ha quedado *afuera*, cuando nos dice:

> *Y pienso que la muerte que hay en la vida*
> *sobrevive a la vida, que las cosas que creemos*
> *salvar no son más que muerte, mínimas muertes*

Esa especie de sensación rimbaudiana de verdadera vida *afuera*, en otra parte, cobra en el nuevo poemario dimensiones mucho más delineadas, pues la pérdida de la madre sale del marco especulativo-filosófico y entra de lleno en el reducto estridente y sangriento de los accidentes cotidianos:

> *Ella acerca su cara y me da un beso,*
> *dice cuídate.*
> *Luego sale a la calle y la aplasta un carro.*

En su permanencia luctuosa en el mundo, el poeta siente que la verdadera existencia (la compañía de su madre o, en otro campo temático vinculado a éste, la compañía de su padre) está *afuera*, y que el cuerpo palpable del poeta y sus emociones han quedado encerrados, ateridos asfixiantemente en el tiempo de *adentro*, el tiempo de la pérdida y la abulia y la alienación, no el tiempo en que ocurre con indiferencia la vida de los demás:

> *La noche*
> *no era como la muerte de su madre rota contra*
>   *(el asfalto.*
> *La noche*
> *estaba más allá de él, fuera de él, y tenía la*
>   *(música.*

Esta asimilación de hechos trágicos en términos poéticos y este acercamiento directo a la rudimentaria realidad circundante, en la que los objetos y los seres humanos parecen subrayar su ajenidad y desconocer el dolor del poeta (pues tienen "*la música*"), se observa también, como es de esperar, en relación con otros temas (por ejemplo, la desaparición del padre, o la familia reunida ante la avalancha de objetos impersonales durante las Navidades fuera de Cuba), pero se agudiza sobre todo en los poemas escritos en los años 90. Esos poemas constituyen la mayor parte del libro (hay sólo cinco escritos en los años 80 y tres sonetos compuestos en 1977) y son los que revelan, a mi modo de ver, el carácter singular de este libro con respecto al resto de la obra del autor.

En estos textos, el poeta ha abandonado ya definitivamente las declaraciones filosóficas generales que daban el tono más armónico y constante a las páginas de *Orestes de noche* (en las que el discurso estaba casi totalmente al servicio de una reflexión trascendente enmarcada entre imágenes de escueto lirismo, al estilo de Rilke *[3]*)

y que también estaban presentes, aunque de manera más despojada y suave, en los *Cantos y elegías*. Ahora, el poeta quiere hablarnos en términos mucho más directos y meterse en la realidad fragmentada de su exilio sin abandonar su perplejidad ni su nostalgia; busca reflejar en sus versos una crueldad concreta y visible, y elaborar una especie de crónica ferviente de la inmediatez. De ahí que su expresión cobre, a mi modo de ver, una resonancia mucho más contemporánea.

Ese ingrediente contemporáneo alcanza una intensidad deslumbrante en el grupo de poemas que escribió en 1994, a raíz de la llamada "crisis de los balseros", durante la cual miles de cubanos se lanzaron al estrecho de la Florida en rústicas embarcaciones improvisadas para llegar a las costas de los Estados Unidos. Gran parte de esos balseros pudieron llegar a tierras norteamericanas, otros permanecieron largo tiempo hacinados en la base naval de Guantánamo, y muchos –la cifra exacta tal vez nunca se llegue a conocer– perecieron en las aguas de ese estrecho cuando sus precarios medios de navegación sucumbieron ante la furia del mar. El poeta nos entrega en este libro varios poemas que aluden a las dimensiones trágicas de esos acontecimientos (entre ellos, *Balsas* y *Oración*). De ellos, el que deja una huella más indeleble en el lector y más pavor siembra en su espíritu es también, a mi modo de ver, el mejor poema de todo el volumen (*Canto a la Virgen*), en el que Abreu Felippe resume con precisión el desconcierto y la estupefacción de todo un pueblo:

> *Voy a cerrar los ojos*
> *porque no quiero ver los rostros desgarrados de*
>   *(mis hermanos,*
> *la espuma que ya no sé si es lona o pez o soga*
> *o bidones sellados o gomas a punto de estallar*
> *y tiemblo el miedo de ellos.*
> *Porque en estos tiempos ya no hay botes, sino*
>   *(balsas*
> *y no son tres, sino miles los que te llaman.*
> *Tú sigues siendo la misma.*
> *Protégelos, madre.*

Hay que saludar, pues, con sereno entusiasmo, estos poemas del desamparo filial y la orfandad irremediable, estos cantos de la impaciencia del exilio y el fragor de la huida y el despojamiento, que uno de nuestros buenos poetas ha entregado con temeridad y pasión. Son palabras salvadas en el borde del tiempo; como si se fueran a escapar de ese tiempo sin dejar de prolongarse en nuestros días confusos; o como si fueran a caer y quedarse en su hora, pero cargadas de ecos que habían dejado de existir.

(Marzo de 2002)

NOTAS

1 El jurado estuvo integrado por Felipe Lázaro, Pedro Shimose y Luis Antonio de Villena.

2 Lo mismo podría afirmarse del resto de su obra. Abreu Felippe, quien es también dramaturgo, narrador y crítico, ha publicado dos volúmenes de teatro: *Amar así* (Miami, 1988) y *Teatro* (Madrid, 1998), que reúne cinco de sus piezas. Su novela *Siempre la lluvia* (Miami, 1994) fue finalista del Premio Letras de Oro en 1993.

3 Esto no impedía, que conste, la presencia en el libro de poemas excelentes, como el ya citado, o como el titulado "El camino de Mitilene".

DOS MIRADAS AL TEATRO:
Desde la platea y tras las bambalinas

Viernes, 21 de mayo

Obra: *Amar así*

Escrita por José Abreu Felippe

Dirigida por Eddy Díaz Souza

Con las actuaciones de:

...berto Antínoo

...kis Proenza

...n Morales

...e Gran...

...l Ro...

EN PRIMERA FILA:
UN TEATRO PARA VER Y LEER
Carlos Victoria

El conocido periodista, poeta y celebrado narrador Carlos Victoria, (lamentablemente fallecido ya), nos dejó el texto que reproducimos seguidamente, mediante el cual se asoma a la dramaturgia de José Abreu Felippe, sobre todo con ojos de lector/espectador, que se anticipa a la puesta en escena de este teatro, prefigurando un estreno contemplado por él, según afirma, desde "[la] primera fila" de butacas. El breve estudio de Victoria constituye, antes que una reseña del libro *Teatro*, de Abreu Felippe, al que en primer lugar nos remite, un examen minucioso y sugerente de la factura y valía de las obras que lo integran, y por extensión, del teatro de este autor.

Uno de los tantos disfrutes que han desaparecido en los últimos años, es la lectura de las obras teatrales. El lector contemporáneo, que de por sí pertenece a una raza en riesgo de extinción, prefiere, sobre todo, las novelas, alguna que otra vez un libro de relatos, y en raras ocasiones, un volumen de ensayos o de poesía. El teatro como texto para ser leído ha pasado a ser la cenicienta de la literatura. Esto sorprende, si se tiene en cuenta que durante siglos el teatro ocupó un lugar primordial para el lector. Parece algo demencial entonces que un cubano del exilio, en Miami, que escribe en español, (lo que lo convierte por razones geográficas, políticas e históricas en víctima de fuerzas peculiarmente adversas), se atreva a publicar un libro de teatro. Y esto es lo que con admirable obstinación ha hecho el también novelista y poeta José Abreu Felippe.

Con el título escueto de *Teatro*, y prólogo del ensayista José A. Escarpanter, la editorial *Verbum*, dirigida en España por Pío Serrano, ha publicado cinco piezas de Abreu Felippe: *Parapetados*, *Un

cuerpo que con el tiempo se va perfeccionando*, y un tríptico: *Alguien quiere decir una oración*, *Si de verdad uno muriera* y *Muerte por aire*. Dos características resaltan en las piezas: la calidad continua de los diálogos y el sentido eminentemente teatral de las escenas, descritas de tal forma, que el lector puede imaginarlas vívidamente en su intrincada armazón. Porque se trata de obras llenas de vericuetos, de sutilezas y de agudos contrastes, tanto en el intercambio verbal de personajes como en los movimientos; en el uso de objetos y en las cambiantes escenografías, que subrayan el vigor dramático del texto.

Parapetados ocurre en un raro futuro, o más bien en un tiempo de pura pesadilla: dos hombres viven perpetuamente encerrados en una especie de cueva, con sofisticados recursos técnicos a su alcance, desde computadoras que marcan las pautas a seguir, hasta aparatos que cumplen misiones fisiológicas. Es un mundo del que se ha excluido todo vestigio humano, toda memoria y todo sentimiento. La pieza va dibujando lentamente una siniestra parábola sobre el hombre moderno y su inútil batalla para recuperar los valores perdidos, entre ellos, tal vez el más preciado de todos: la libertad de ser quien uno es, o por lo menos, quien se aspira a ser. *Un cuerpo que con el tiempo se va perfeccionando* se adentra con un humor perverso en el laberinto de una relación amorosa, deteriorada por el paso del tiempo, los celos y la enajenación. Pero la pieza va más allá de los conflictos de una pareja en crisis para satirizar de forma aguda la sociedad actual, y al mismo tiempo reflexionar sobre la identidad y sus demonios.

Pese al alto nivel de estas dos obras, que incorporan con destreza tendencias del teatro de las últimas décadas, y que procesan con sabor personal los ecos de Ionesco, Beckett, Genet y Virgilio Piñera, es en el tríptico, en especial en las dos primeras piezas, donde Abreu Felippe logra plenamente una visión profunda y original. En *Alguien quiere decir una oración*, Abreu parte de un hecho doloroso (su madre murió atropellada por un carro en 1995) para montar y desmontar con audacia pasajes cruciales de la vida y la muerte de una mujer víctima de un accidente, y el efecto devastador que su abrupto fallecimiento provoca en sus seres queridos. Resulta difícil resumir esta obra compleja y desgarrada, repleta de sorpresas, que sin caer en sentimentalismos explora con habilidad teatral un acontecimiento absurdo y atroz.

La segunda obra del tríptico, *Si de verdad uno muriera*, comienza de una forma al parecer simple e inofensiva: un matrimonio regresa a su país luego de años de exilio para reunirse con sus familiares. Sólo poco a poco se va haciendo evidente de que se trata de una reunión de muertos, y que esta cita de hijos, padres, esposos y hermanos, se desarrolla en un lugar de nadie, inmaterial, arruinado y macabro, donde la vida y la muerte se mezclan sin que pueda trazarse una frontera entre comienzo y fin. Esta excelente pieza es sin duda la mejor del volumen, y me atrevo a asegurar que es también una de las mejores que haya escrito un cubano en cualquier época.

Muerte por aire, que finaliza el tríptico, aborda con vuelo imaginativo temas como la conexión entre el sexo y la muerte, pero sufre de un exceso de situaciones y oscuras referencias. Los aciertos poéticos del texto no mitigan la impresión de densidad y caos. La obra plantea inquietudes y búsquedas legítimas, y como las otras, revela la mano de un autor que conoce su oficio, pero resulta la menos lograda.

Sería lamentable que esta colección, una de las más sobresalientes de un dramaturgo cubano en las últimas décadas, pasara inadvertida para los lectores, y sobre todo, para los directores teatrales. Porque el teatro de Abreu es para leer, pero como todo teatro, su objetivo final es que se pueda ver. A mí me encantaría asistir al estreno de *Si de verdad uno muriera*. Me sentaría en la primera fila*.

(2004)

* Esta obra sería posteriormente representada en Buenos Aires, por el grupo Teatro La Luna Varietè

ABREU FELIPPE: TEATRO DEL DESARRAIGO

Ramón Luque

Creo conocer una parte importante de la obra de José Abreu Felippe. Escritor, dramaturgo y poeta cubano en el exilio, es una figura distinguida cuya obra se caracteriza por la impresión de autentico desgarro que trasmite toda ella. Un consumado novelista, a quien interesa el aspecto descriptivo que configura lo psicológico, suele ir al grano en la fabulación de sus tramas. En muchos de sus relatos, es abiertamente festivo y a la vez doloroso, otras melancólico, y aún otras tremendamente sarcástico. Frecuento menos la poesía de este autor, no porque no me guste la que escribe que, además ha sido extensamente reconocida, sino más bien a causa de mi querencia por otros géneros literarios. A mi ver, sin embargo, es como dramaturgo que Abreu Felippe alcanza unas cotas muy inusuales de desgarro y brutalidad, asumiendo el riesgo de sus propuestas con valentía y entereza. No es fácil escribir, ni leer, (tampoco verlas representadas) obras como las que reúne el libro *Tres Piezas*, publicado en Miami por la editorial Silueta. Se reúnen aquí obras escritas por el dramaturgo en distintas épocas. La más temprana es *Orestes*, donde rinde, en cierto modo, homenaje a la mitología griega, sirviéndose de ella (tal y como hicieron los clásicos) para exponer la tragedia del destino humano, marcado por la pérdida, por la huida y por la derrota. En *Rehenes*, partiendo de una situación de raigambre costumbrista (el embarazo de una joven, hija de unos exiliados marielitos en Miami), evoluciona hacia su habitual existencialismo, marcado por simbolismos muy dolorosos, que vuelven a expresar la angustiosa soledad del ser humano. Pero es en *Provisional, desechable y biodegradable* (un título divertido) donde Abreu Felippe se muestra más brutal y sarcástico, al analizar el proceso de decrepitud de una pareja. En el teatro de José Abreu Felippe (al menos en estas tres obras) no hay lugar ni para la esperanza ni para la felicidad. A veces, su atmósfera es tan oscura que el resultado puede ser divertido (efecto que se busca dadas las numerosas situaciones y comentarios irónicos). A la vez, las referencias cultistas son frecuentes: mitología griega, grandes clásicos del teatro (Esquilo, Sófocles, Calderón) cine de autor de distintas épocas (de Godard a Larry Clark), la obra de Reinaldo Arenas, Julio Cortázar y muchos

31

otros. En *Provisional, desechable*...recuerda a veces a Becket, por su su oscura vitalidad: en el caso de Abreu, más iconoclasta, más chocante, como un elefante que irrumpiera en una cacharrería, con la brillantez característica de los autores que se sitúan, ellos mismos, por encima de todo. En el cine, Buñuel era un poco así. Y parafraseando a Kundera, podría decirse que Abreu Felippe es como la muerte: "arrampla con todo".

DEL DISCURSO ESCÉNICO DE LA DRAMATURGIA CUBANA CONTINENTAL

Matías Montes Huidobro

José Abreu Felippe, dramaturgo [cubano] que llega al exilio en 1983, abordará dicha temática desde un ángulo globalizador en su pieza *Si de verdad uno muriera*. De corte realista, esta obra que a veces se recrea en un descarnado naturalismo fisiológico, en sus momentos iniciales tiene características que parecen apuntar hacia el planteamiento racional de un hecho frecuente en la vida cubana, desde hace casi medio siglo: el se lleva a efecto en el espacio metafísico de la muerte. Esta particularidad le da a la obra una connotación diferente, convirtiéndola en una de las propuestas más desoladoras del teatro cubano.

Ya en otro espacio generacional, José Abreu Felippe vuelve sobre él dentro de un tratamiento original de un espacio realista y metafísico a la vez en *Alguien quiere decir una oración*. En este

re-encuentro familiar. Y sin embargo, a medida que se va desarrollando la acción, lo que parece ser la norma, proyecta la obra hacia un nivel metafísico, dejando constancia de que la "otra orilla" a la que llegan los personajes, sin perder sus vínculos con lo histórico, difiere de un simple viaje de unas noventa millas: un re-encuentro que no tuvo lugar en el aquí y el ahora, (el sueño de muchos cubanos) sino que finalmente caso, la relación entre los hermanos, Estúpido e Imbécil, es muy becktiana, acercándolo al teatro de Ezequiel Vieta, mientras que los juegos lúdicos metateatrales evocan los de *La noche de los asesinos* de [José] Triana. La propia obra tiene conciencia de sí misma cuando ve todo esto como "demasiado teatral, demasiado intelectualoide, demasiado literario... puro teatro del absurdo...", como si pidiera excusas. Y sin embargo, no tiene razones

para hacerlo, porque tiene su propia textura original y, particularmente, su propia angustia trascendente en el constante desdoblamiento de la vida y la muerte, que crea su propia irrealidad. Sencillamente, el absurdo y la crueldad son actos rituales permanentes de una metateatralidad intrínseca de la dramaturgia nacional.

LO QUE CUENTA ES LA VERDAD.
La verdad de lo contado.

BARRIO AZUL

Sarah Moreno

Es una feliz coincidencia del azar y la geografía, que José Abreu Felippe creciera en un lugar con un nombre tan literario como Barrio Azul. El vecindario de la periferia habanera, al borde de la Calzada de Jesús del Monte, es pues un personaje más, en la novela de igual nombre de este autor.

Entre la loma, la iglesia, el arroyo, los cines Martha, La Palma y Ensueño, y la casita de la abuela, transcurre la infancia de Tavi a finales de los años 40 y 50 del siglo XX. Tavi es el apelativo cariñoso de Octavio González Paula, protagonista de la pentalogía *"El olvido y la calma"*, que se inicia precisamente con *Barrio Azul*, primera novela desde el punto de vista cronológico, si bien es la cuarta en publicarse.

Respecto al título, nos dice su autor: "Me parece un título bonito, independientemente del simbolismo que pueda aportar el color. El cielo y el mar son azules, al menos por el día... Algo grande, hermoso, inabarcable".

Sabanalamar, una ensenada en la provincia de Pinar del Río, da nombre a la segunda novela, que transcurre en 1961, durante la Campaña de Alfabetización, cuando Tavi tiene 14 años. *Siempre la lluvia*, la tercera, abarca la adolescencia del protagonista, durante los tres años en que debe alistarse en el Servicio Militar Obligatorio (SMO). La cuarta, *El Instante*, publicada en 2011, da comienzo a principios de la década del 70 y termina con los sucesos de la toma de la Embajada del Perú, en La Habana, la crisis subsiguiente, y el éxodo del Mariel. La quinta, *Dile adiós a la virgen*, se inicia en Cuba, en 1983, y termina en el 2003 en Miami, con la muerte de Tavi.

"Tavi y yo compartimos experiencias. Ambos fuimos a alfabetizar, ambos sufrimos el SMO en el segundo llamado. Ambos amamos rabiosamente. A ambos nos patearon. Pero hasta ahí. Tavi murió y yo sigo viviendo. No tengo planes de morirme todavía", dice Abreu con la fina ironía que lo caracteriza.

Nacido en 1947, se le considera parte del grupo de escritores que llegaron a Miami en los años 80, a quienes se conoce como "la Generación del Mariel". Abreu ha publicado, además de su pentalogía narrativa, los poemarios *Orestes de noche* (1985), *Cantos y Elegías* (1992) y *El tiempo afuera* (Premio "Gastón Baquero" de Poesía en el 2000). Para la escena ha escrito *Amar así* (1988), además de un número de piezas, cinco de las cuales aparecen recogidas en el volumen *Teatro*, (Verbum,

Madrid, 1998).

"He intentado todos [los géneros], menos el ensayo, que no tengo cabeza ni paciencia para eso. Pero lo que más me gusta es la poesía, que es esquiva y escurridiza. Entonces no me queda más remedio que escribir mamotretos de una u otra factura", acepta el autor.

De *Barrio Azul* concibió dos versiones: la primera, en La Habana, en 1973, y la segunda, en Miami, entre julio del 2005 y enero de 2007. A pesar de que la novela mantiene la estructura e ilustraciones de la versión original, cuyo manuscrito conserva casi íntegro, "el que escribió la primera no es el mismo que [debe] responde[r] ahora [por ella]. Aquél creía en más cosas, era soñador, joven... y hasta hermoso", declara. Para Abreu Felippe "todo acto creativo es angustioso y placentero a la vez, y adentrarse en la infancia complica más las cosas y exacerba los sentidos".

Asomarse pues al mundo, mediante los ojos del niño, le concede a la novela un hálito de constante travesura, que incluso alcanza a la muerte, como señala la nota de contraportada. En cada capítulo, que concluye con el fallecimiento de un familiar, Tavi descubre nuevas sensaciones y aventuras, pero también mira a la muerte de cerca.

Como antecedentes de *Barrio Azul* en la literatura cubana, Abreu señala *Celestino antes del alba*, de Reinaldo Arenas —"quizás la mejor de todas [las de su clase]", y el relato "*Taita, diga usted cómo*", de Onelio Jorge Cardoso. En cuanto a sus influencias literarias reconoce que "uno es lo que lee y lo que vive" y en su caso "ha leído y vivido bastante".

"A veces he escrito un poema y cuando lo leo me digo, cómo pude escribir esto, es genial. Luego, en una relectura más calmada me percato de que es un plagio impúdico de Rilke o de cualquier otro, y tengo que botarlo porque ya existe un original", se confiesa el autor impúdicamente. Enemigo, por otra parte, de la sintaxis complicada, añade que "[su] autoestima se reduce a cero cuando le[e] párrafos y párrafos, y no logr[a] entender qué dicen". En conclusión, "No [l]e entusiasmaría provocar esa sensación en los lectores". Por el contrario, se ha propuesto buscar la sencillez "que nada tiene de sencillo, que es dificilísima". En alta estima, tiene la prosa poética, que a su juicio ha sido bien cultivada en Latinoamérica por figuras como José Bianco, María Luisa Bombal y Juan Rulfo, y estima "que lo [imprescindible en la obra de un creador] es la honestidad y la libertad para ejercerla".

DILE ADIÓS A LA VIRGEN EN EL CONJUNTO DE LA PENTALOGÍA DE ABREU FELIPPE

Pío E. Serrano

Entre las características del puñado de escritores imantado por la revista Mariel y por la experiencia común del fenómeno sociopolítico del mismo nombre, sobresalen la intensidad de su compromiso con la escritura, la vocación totalizadora de sus relatos, la fidelidad a una memoria que se resiste al olvido y la lucidez crítica hacia la nueva realidad donde los ha depositado el exilio. Rasgos apreciables, en mayor o menor medida en los componentes del grupo, principalmente en las novelas ríos de Reinaldo Arenas, en la pulida y punzante prosa de Carlos Victoria, en la implacable mirada de los cuentos de Luis de la Paz, en la abrasadora desolación de Guillermo Rosales, en los testimonios estremecedores de Nicolás Abreu, en los versos impecables de Reinaldo García Ramos y en los desolados de Esteban Luis Cárdenas, en la imaginación siempre airada y apocalíptica de Juan Abreu, entre otros.

He aislado el nombre de José Abreu Felippe del repertorio anterior porque, salvo en el caso de Reinaldo Arenas, en ningún otro escritor de esta promoción se concentran de mejor manera todas las características previamente señaladas. Abreu Felippe (La Habana, 1947) ha demostrado su omnívoro apetito por la escritura no sólo en el registro íntimo de la poesía, en la búsqueda de la voz coral del teatro o en el ejercicio riguroso de la crítica literaria, sino que se ha entregado al reto mayor de la novela. Sin precipitación pero con sostenida constancia, olvidado de la compulsión que la ansiedad por la pronta publicación acicata a destiempo a tantos, en la soledad de su convencimiento José Abreu ha venido construyendo desde sus tiempos juveniles en La Habana un apretado cuerpo literario que es uno de los mayores ejercicios de resistencia de nuestra literatura.

Conocí a Abreu Felippe en Madrid, recién llegado de sus pesadillas habaneras. Entonces me confesó que no sólo poseía el diseño de una serie novelística —una pentalogía—, sino que la mayor parte de sus textos estaban escritos, que unos aguardaban por la revisión que propician el reposo y la libertad, y otros por los detalles finales de su culminación. Se trataba de una serie en la que recogía la metódica memoria del infierno, la suma de sus padecimientos físicos y morales, la verídica historia de sus desgarramientos, los desalentados jirones de una juventud consumida en la hoguera de la Historia.

Por supuesto, yo no le creí; acostumbrado como estaba a tanto escritor presumido de manuscritos invisibles e inexistentes. La autenticidad de las discretas confesiones de José Abreu pronto se hizo evidente. Poco tiempo después comenzó a fluir, una tras otra, la publicación de sus textos habaneros y de los nuevos nacidos en el exilio.

La pentalogía, titulada *"El olvido y la calma"*, se ha ido desgranando en *Siempre la lluvia* (1994), *Sabanalamar* (2002) y en la entrega que comentamos, *Dile adiós a la virgen* (2003), curiosamente el volumen que la cierra, y cuya publicación se anticipa a *El instante* (2011) y *Barrio Azul* (2008), cronológicamente precedentes.

Confieso que se me escapa la razón última por la que Abreu Felippe adelantó dicha entrega, dejando atrás, precisamente, las dos iniciales del ciclo vital de Octavio, su protagonista. Los círculos concéntricos —la familia, el descubrimiento del cuerpo y del amor, la muerte— que organizan la saga culminan coherentemente en este último volumen.

En cualquier caso, *Dile adiós a la virgen*, como las dos anteriores, o las que le siguen, se puede leer con autonomía, sin que su comprensión se vea lastrada por lo que debe al conjunto. Octavio, que ha gozado de una privilegiada infancia, aunque precaria en lo económico, desbordada en afectos, y ha debido sufrir una iniciación a la pubertad y a la juventud restringida en una sociedad intolerante, se asoma con desaliento a una temprana madurez cuyo único horizonte es la fuga. La novela abarca sus últimos meses en La Habana y su llegada e instalación en el exilio. Un período que le permite reconstruir fragmentos de memoria pero que, sobre todo, lo instala en la escenificación de un ritual de desprendimiento y despedida definitivos. Y es aquí donde aparece la mejor escritura de Abreu Felippe, incapaz de deshacerse de ese hondón lírico que siempre lo ha acompañado, alimentado por una melancolía que adivina en el futuro desraizado y una nostalgia de lo imposible, logra conciliarlo con una prosa directa, que expone sin complacencias la crudeza de una realidad deshumanizante. No olvida, sin embargo, Abreu Felippe las ráfagas de humor y de ironía que perfilan la poliédrica personalidad de su protagonista, un auténtico agonista, ni del conjunto de personajes de su entorno, todos ellos genuinos y diversos individuos.

Completada su pentalogía, José Abreu Felippe se consolida como uno de los referentes imprescindibles de la nueva novela cubana. Una narrativa que al tiempo que se niega a olvidar, se construye con el rigor y la autonomía de la verdadera literatura.

EL INSTANTE DE UN OTOÑO

Zoé Valdés

Hace rato que sólo leo novelas que me den dolor, cuyo sufrimiento me traspase el alma a través de la historia y del lenguaje. Cuando me refiero a la historia no tiene que ser una historia netamente cubana, podría ser rumana, alemana, húngara o finlandesa, pero la historia deberá obligarme a olvidar que se trata de mí leyendo una historia, tendrá que conseguir que yo la obedezca y me adentre en ella palpitante y salga de ella como si jamás hubiera entrado, como si siempre hubiera vivido dentro de esa historia, como si fuera mía.

Con el lenguaje me pasa distinto, tanto en español como en francés huyo de lo políticamente correctamente escrito, o sea de aquello que se resume a sujeto + verbo + predicado. Si una historia es compleja y su autor nos la entrega masticada afanado en que la entendamos primero con los dientes, de nada sirve. Y no hay nada peor que escribir masticando o peor tragándose como sorbos de agua azucarada el lenguaje, o sea obviando que el idioma, como dijo en una ocasión Víctor García de la Concha, no lo crea la Real Academia, lo crean los escritores, inventando palabras que salen estrictamente de su imaginación y de sus audacias reales o soñadas.

No todos los cubanos son escritores, desde luego, pero el pueblo cubano lo único que no ha perdido es la chispa del idioma, no sólo lo reinventa, además lo recrea, lo habla con regocijo, sobre todo cuando lo habla bien, de manera libre y suelta, y desprovistos de la formalidad oficialista. Y cuando los escritores retoman ese lenguaje popular, y hasta vulgar, tal como hizo Cervantes en el Quijote —no por nada *El Ingenioso Hidalgo* está dedicado *al vulgo*— y lo realzan al pedestal de la novela, la obra es entonces perfecta, magnífica, imperecedera. Escritores del idioma y de la historia hemos tenido algunos, pero a mí quien siempre me pega con el puño un beso en el esternón es Guillermo Cabrera Infante, y hay otros, claro... Pero nadie como él.

Entre los escritores que alcanzan un aliento similar se encuentra José Abreu Felippe. Su novela, *El Instante*, cuenta un pasaje, fragmentario, de la vida de Octavio, protagonista de otras obras anteriores suyas. No podría precisar en qué momento de la infancia, de la adolescencia, o de la adultez se inician las anécdotas de ese grupo de amigos y familiares que envueltos en la misma transgresión épica penetran primero ingenuos, incluso alegres, despreocupados, luego ariscos, furtivos, y por último desgarrados en la verdadera semilla de la vida: la aventura política de cualquier ser humano a la que le somete la sociedad, no hace falta tal precisión, porque esta es una novela de sensaciones y presentimientos, y de ocurrencias ocurridas. El pretexto para desentrañarlas, por supuesto, y como es habitual en un verdadero novelista, es el amor, el sexo, más que el deseo. El deseo sólo asoma en ese instante preciso en que Octavio se sorprende solitario, abandonado por todos, alejado de todo, pero junto a su madre, en una especie de ecuación patéticamente lírica. Su madre, que es la madre de todos, quien sólo le brinda, en su triste y exigente compañía, con la exigencia de la que solamente son capaces las madres, todavía mayor soledad en esos instantes de espera y anonadamiento.

El Instante es una novela de casi quinientas páginas, que me leí poco a poco, en los trenes, en los aviones, que no pude soltar, pero al mismo modo que, deseándola, queriendo que no se me acabara, que no escapara. No podría afirmar que me sedujo solamente por la historia y por el ritmo excelente con el que está conducida, como en una especie de guaracha jazzística sabrosona, lenta, y que por momentos se acelera y aprieta el paso, y nos atropella contra las paredes recién encaladas de la casa-laberinto de Octavio; además de todo eso me engrampó porque está contada, por supuesto con un lenguaje literario exquisito (por su trabajo de búsqueda y de ninguna manera o fórmula al uso que usan esos lenguajes en apariencia *fiznos* tan parecidos a aquellos *cakes* de merengue tieso y agrisado que vendían para las bodas, por una casilla de la libreta, en el período especial) que traduce todo el lenguaje de una época, de la generación anterior a la mía y de la mía, la que yo creo que fue la última generación que todavía contempló el verdadero paisaje cubano, y supo nombrar y desordenar y volver a ordenar los árboles, los arbustos, las mariposas, los pájaros y también chapoteaba en las zanjas, la que convivió con gatos y perros sarnosos y los curábamos como si fuéramos amorosos veterinarios, almorzábamos tajadas de aire y cenábamos frituras de viento, bebíamos té ruso de farmacia y leíamos hasta en sueños, nuestras madres se perfumaban con bacilos de Moscú Rojo o de Bonabel, en medio de cien plastas de mierda de vacas podíamos distinguir una margarita, y claro, fuimos fanáticos de *El Maestro y Margarita* de Mikhaíl Boulgakov, y escribíamos ciento un poemas al día y trescientos treinta y cinco por noche. Todavía sabíamos entristecernos, caminábamos kilómetros para que nos bañara una puesta de sol, o nos iluminara el alba y hacíamos el amor donde nos atraparan las ganas, reconocíamos, ¡cómo no!, un Utrillo hasta encajado en un estercolero. Hacíamos el amor con alegría, repito, y también nostálgicos de lo que ni siquiera conocimos, y si era en el mar, pues mejor. De todo eso habla *El Instante*, y de mucho más, y leyéndolo ya no se es más el lector *comprometido* con la narración sino con la historia, empiezas a ser Octavio, templándose lo mismo a sus negronas pulposas y acarameladas que a sus auténticos muchachones *made in robolución*, y de buenas a primeras empiezas a transformarte en Octavio, que le despierta a cualquiera el machito que llevo dentro, y al gay que llevo dentro, y a la puta que late en mí, a la madre, a la hermana… Y al inconforme, *comme il faut*, el inconforme, al iconoclasta, al *dérangeur* que todo escritor que se respete debe ser.

La literatura es un sacerdocio, escribir una gran novela sumerge en momentos de gran euforia, nos reaviva la verdadera fe, la de la poesía, la de la escritura, la de la creación, pero también nos oprime con angustiosas y largas penitencias, cada recuerdo equivale a largos períodos de tiempo arrodillados encima de aquellas chapas de refresco, o a peores puniciones que nos dejan sangrando el espíritu. Después, hay un momento innombrable, extraordinario, ése en el que el lector recibe el beso en el esternón, y el resto se transforma en una orgía de los sentidos, en bacanal de palabras, y es cuando la soledad penetrante y ubicua del escritor se une a la del lector, con el rostro lloroso hundido entre las páginas del libro, y es ahí, en esa comunión cuando transcurre el verdadero misterio y milagro de la literatura.

Gracias a José Abreu Felippe por extender ese milagro, y apaisajarlo y agasajarlo con pinceladas de eternidad, a través de *El Instante*.

DE CÓMO CONSTRUIR UNA ESPIRAL ABIERTA.
O LOS DOMINIOS NOVELÍSTICOS DE JOSÉ ABREU FELIPPE.

Rolando Morelli

Ensayo aquí una aproximación general, que está obligada a pasear la mirada a vuelo de pájaro sobre la obra novelística de José Abreu Felippe, con lo que adelanto que se trata de una mera exploración panorámica de sus dominios. Allí donde la vasta y creciente producción del autor ha sido apenas valorada, de manera fortuita podría añadirse, con carácter reseñador, se está obligado a proceder con algo menos de especificidad tal vez, a favor de un bojeo que, delimitando y trazando ciertas fronteras o límites, ofrezca el dibujo que pueda en adelante constituirse en un primer mapa referencial. Es esto, precisamente, lo que aquí se intenta.

La novelística de este autor me recuerda, en más de un sentido, la obra creadora en el género, de otro José de la literatura cubana, el poeta, ensayista y narrador José Lezama Lima. No habría necesidad, ni ocasión de momento, para adentrarnos en una comparación a fondo de ambas, donde destacarían de suyo tanto las similitudes que las acercan como las diferencias que las distancian, bastaría a los efectos que me propongo, señalar algunos atributos compartidos por ambos creadores, el primero de ellos, que, (a semejanza con Proust, y con Rolland, por sólo mencionar dos fuentes incuestionables de inspiración para uno y otro autor[1]) se proponen capturar y retener —del único modo posible: reconstruyéndola en el texto— una memoria que los obsesiona, y que ha pasado a formar parte del presente (más real incluso que éste) y a constituir una suerte de talismán para el futuro, tal vez contra sus asechanzas. Lezama Lima y Abreu Felippe comparten, además, si bien desde generaciones y una formación intelectual obligadamente diferentes, un intenso amor y preocupación por el destino de su país de origen, indisolublemente marcado por la frustración política, cuya consecuencia desemboca, ya en la edad provecta de Lezama Lima, y en la adolescencia de Abreu Felipe, en la singular y aberrante experiencia de la represión y asfixia del llamado "insilio"[2]. Experiencia ésta que no concluye para ellos, sino con la muerte misma de Lezama Lima, y la nueva experiencia del exilio, determinante en la escritura de Abreu Felipe, según se ve en la serie de novelas que componen su pentalogía "El Olvido y la Calma". Para Lezama Lima sus obras *Paradiso* y *Oppiano Licario*[3], en particular la primera, constituyen una tentativa de reconstruir por "la imago" esas vivencias que con todo propósito el autor llama, sin ironía de su parte, por un nombre que, si bien representa una idealización de la infancia, no constituye una falsificación. Tal, parecería ser la respuesta del artista independiente ante las exigencias oficiales que ya para el momento de aparecer Paradiso habían implementado parámetros políticos ideológicos de "compromiso absoluto" con los "postulados revolucionarios". La tendencia "evasionista" frente a "la realidad" "revolucionaria", atribuida por la crítica oficial a Lezama Lima, al concebir el escenario de su obra, no es en realidad otra cosa que el verdadero "compromiso" del creador consigo mismo, y con la memoria viva de su infancia y juventud, que felizmente transcurren antes de que el arrebato totalitario pueda empadronarlo. Así pues, bien podría afirmarse que allí donde se demandaba la presencia y complicidad de un corifeo, para entonar loas al régimen totalitario, resultaba un creador genuino aferrado a sus prerrogativas. Dicho proceder —en apariencias no reñido con lo autorizado, puesto que no se trataba de enfrentar al régimen— constituía de hecho, un solapado desafío a la ortodoxia del mismo. Y en consecuencia, podía, debía y había que acusar al autor, cuando menos de no abordar "la temática de la 'Revolución'" en su obra. De ahí, igualmente, la condena al silencio (más bien el silenciamiento ostentoso y oneroso impuesto de inmediato al autor), y al insilio, a los que simultáneamente fue sometido hasta el momento mismo de su muerte. ¿Qué castigo más apto y cruel imponerle a un conversador infatigable, a un escritor prolífico que se hallaba en lo mejor de su madurez creadora, a un activista cultural como el autor de Paradiso? Este silenciamiento, y este insilio —impuestos y ejercidos asimismo con particular saña, sobre escritores de la talla y trayectoria de Virgilio Piñera Heberto Padilla, o Reinaldo Arenas, para no alargar la lista— se extienden por esta misma época a todos los creadores nacionales, lo que indica a las claras que no se trataba de casos aislados, ni de una mera "reacción defensiva" del estado, sino de una política con propósitos[4]. No menos aciaga se mostrarían la represión y la censura, con la nueva promoción de escritores a la que entonces pertenece un adolescente Abreu Felippe. Éste comienza pues su periplo vital y creador, llegado el momento de hacerlo, maniatado de pies y manos. No es de extrañar, que tal y como había hecho Lezama Lima, lo haga por donde tal vez sea obligado comenzar en cualquier caso, cuando de reconstruir la memoria se trata: por el comienzo de todo, o para valernos de un término más grato a la parla lezamiana, por "los orígenes". Los suyos como individuo, y los de ese universo que lo rodea, con sus emanaciones tóxicas que gravan, sofocan y condicionan caprichosamente su crecimiento. A diferencia pues de su tocayo, Abreu Felippe lleva a la escritura una memoria, que no sólo resulta calcinante, sino que únicamente podrá cuajar en texto una vez alcanzado el exilio, hecho que tiene lugar gracias a circunstancias absolutamente fortuitas[5]. De no haberse producido éstas, es más que probable que hoy no estaríamos hablando de una pentalogía titulada "El olvido y la calma". Título, dicho sea de paso, éste sí,[5] con una gran carga de ironía que la diferencia del *Paradiso* lezamiano.

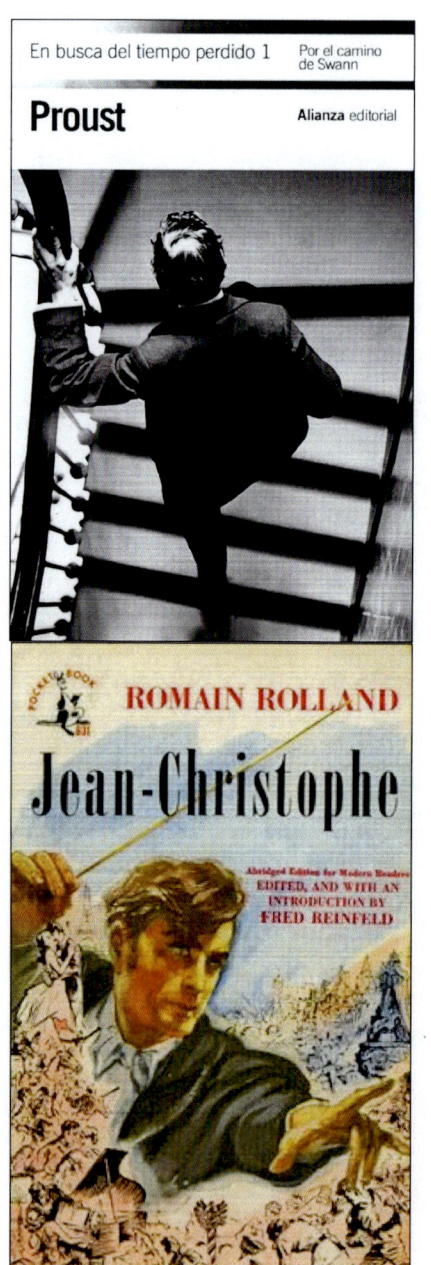

Paradiso y *Oppiano Licario*, dos de las obras icónicas de Lezama, fueron aflorando en el quehacer literario de su autor a través de los años, (ya en la revista *Orígenes* aparecen como adelanto algunos capítulos de la primera, y de la segunda se publicaron capítulos igualmente en las revistas *Vuelta*, *Unión* y alguna otra), antes de que tanto una como otra cristalizaran en sendas novelas. Paradiso, fue publicada ya bajo el poder revolucionario, el año 1966, y de inmediato, secuestrada oficialmente con la excusa de un capítulo escandalosamente homosexual. Luego ya no volvió a publicarse en Cuba[6]. Oppiano Licario se publicaría en La Habana un año después de fallecido Lezama, muerte ocurrida en circunstancias que habrían requerido, cuando menos, un examen más atento en cualquier otro lugar y circunstancias que no fueran las de Cuba, en el momento de ocurrir el deceso.[7] Abreu Felippe, por su parte, no dispondría siquiera de la posibilidad de ver su obra escrita, mucho menos leída, en su país. Nunca en toda la historia de la censura en Cuba, fue ésta más pesada y cerrada que desde la imposición del fidelato: una lápida echada sobre la tumba donde se encerraba preventivamente a los jóvenes creadores, quienes debían probar antes de ser tolerados, que "merecían la benevolencia y magnanimidad de la Revolución" como premio de sus loas a ésta. Por no estar dispuesto a entonarlas, José Abreu Felippe sufrió junto a aquellos de su generación que tampoco se inclinaban al ditirambo, la misma condena que la vieja guardia a que pertenecía su tocayo, pero sin el incentivo siquiera, de que fuera de Cuba se reconociera su nombre, y se celebrara su obra. Su escritura debe pues considerarse doblemente memorialista, primero porque de salvar la memoria personal y colectiva se trata, y segundo, porque el proceso mismo de reconstrucción que conduce a la página, está precedido de un largo y persistente ejercicio contra el olvido, antes de que lo recordado consiga abrirse paso en el texto. No debemos pues olvidar, o soslayar como un hecho menor, la circunstancia de que esta escritura exitosamente recogida al fin, en cinco volúmenes de letra apretada, ha sufrido antes una larga posposición doble: la que impedía su plasmación, y la que, una vez libre el autor, dificultaba su aparición en forma de libro. Paradójicamente, de este proceso resulta enriquecida la pentalogía, y el mismo explica posiblemente —consideración ésta aparte— los aparentes saltos cronológicos que marcan la aparición de alguno de los volúmenes.

La escritura de Abreu, es meticulosa y eficiente en su afán de reconstruir y preservar, "el instante", es decir, lo que contemplado a la distancia podría parecernos breve y fugaz en grado sumo. Sus procedimientos consecuentemente buscan hacérnoslo parecer duradero. «¡Oh que tú escapes!» parecería decir el autor, tan presto a recordar versos, propios y ajenos, con la voz de Lezama Lima.

Barrio azul y *Sabanalamar*, primera etapa de esa carrera campo traviesa, encaminada a anunciar una victoria decisiva, la sobrevivencia, y el hecho mismo de haber prevalecido, parte como era de esperarse, de la temprana niñez, que está a punto de ser caracterizada por el autor como "paradisiaca", sólo que pronto, ésta parece truncarse, detenerse en seco y dar paso a la adolescencia muy azarada y trajinada de su protagonista. A partir de entonces, todo irá precipitándose en un mundo del que ya Lezama Lima no llegará a escribir, o más bien, lo hará sin el refugio de la literatura, en la intimidad de sus cartas, desgarradas y derrotistas, dirigidas a su hermana Eloísa, en el extranjero, o a numerosos amigos también relocalizados fuera.[8] Corresponderá a los Reinaldo Arenas y Abreu Felippe, entre otros, referir eso que parece encargárseles, convirtiendo sus experiencias en aventura literaria, pero aun esto tendrá que esperar porque se produzca un milagro, el de la libertad. La biografía de Arenas es icónica, representativa de su generación, y la siguiente, llamada ésta "del Mariel", de ahí que se le sitúe entre los jóvenes de dicha promoción, aunque propiamente hablando pertenece a la generación anterior, ésa que constituía un puente natural entre la

de Lezama, y la fecha que corresponde al establecimiento del nuevo régimen, es decir, el año 1959. Abreu Felippe pertenece por derecho propio a esa generación que sigue a la de Arenas, y que en detrimento suyo ya no alcanza siquiera a disponer de medios independientes, o con cierta autonomía para publicar su obra. La comparación es precisa, por más que se nos antoje mezquina. Aunque Lezama sufre de inmediato la censura de su novela *Paradiso*, y Arenas no alcanza a ver ninguna de sus obras publicadas, luego de su brillante primera novela, *Celestino antes del alba*, los escritores de la generación siguiente tendrán antes que pasar una serie de rigurosos filtros antes de acceder al reconocimiento mismo de esta categoría,[9] una vez superados los cuales, podrán ser publicados, aunque se trate de cualquier mamotreto, siempre que en él se proclame la adhesión inequívoca y la devoción revolucionaria del autor.[10] En tales condiciones, a contracorriente y absolutamente "fuera del juego", una "zamisdat" que muy probablemente desconocía este nombre,[11] surgió para sobrevivir precariamente. Como una ironía más de la historia bajo el totalitarismo cubano, uno de los sitios de reunión clandestinos más frecuentado por los disidentes culturales, al menos en la capital, vendría a ser el llamado "Parque Lenin". Abreu Felippe, se encontraba entre ellos.

Hay un hilo conductor que ensarta las cuentas de este rosario compuesto por las cinco novelas del conjunto "El olvido y la calma" además del que, como bien señalan varios comentaristas de estas obras, constituye el personaje de Octavio (Tavi), (la vida, podríamos decir, de éste, lo cual supone claramente asimismo su muerte), y es sobre todas las cosas, la memoria lancinante que selecciona y bruñe la materia prima, la rehace o rechaza, da lustre a una piedra del camino, o al instante que se extiende y dura, o bien rechaza y oscurece, porque el resplandor de ese vasto incendio basta a iluminar la sombra. El rescate de la memoria, es ese otro hilo conductor que nos permite recrear la faena que es vivir, y recordar, a partes iguales. Si bien la prosa de Abreu Felippe no se apodera de las cavernas del estilo barroco (o neo-barroco)[12] lezamiano, (más bien éstas le resultan extrañas a su estilo directo y casi confrontacional a veces), hay una proyección de sombras magníficas que procede de sus luces, como para considerarla perteneciente a un barroco muy sui-géneris.[13] Más afín con el de Arenas, no tributario de éste, ese estilo de su prosa corresponde a la decantación del "testimonio", es decir, de su memoria "imaginada" ya, iluminada por la literatura, convertida en "imago" lezamiana.[14] La obra de Lezama procede a veces a partir de la magnificación de un episodio cualquiera: hipérbole verdaderamente literaria, para construir una gran metáfora, abarcadora, totalizante. Abreu Felippe no hiperboliza su experiencia, sino que más bien procede por reduccionismo, (neo-barroco de la miniatura), la encuadra y nos la vuelve verosímil, pues lo que narra parte de la hipérbole real, de la desmesura como vida y hecho cotidiano. Allí donde todo es exageración, exceso, despropósito, monstruosidad, parecería que se dijera el autor, hay que proceder por la vía de devolver algo de realidad a la "realidad" que de otro modo resulta inconcebible. Después de experimentar como cosa de la cotidianidad, el espionaje, la represión y codificación ideológicas oficiales, hasta en los actos más privados, sólo la memoria del artista, mediante un proceso de decantación y selección le permite recrear por igual lo "no vivido" como realización, es decir, aquello que también forma parte de una vida: nuestras frustraciones, nuestros deseos no consumados, en fin, la memoria probable, que no ha sido posible. No se trata de falsear la totalidad de la memoria, sino de completarla, de hacerla instrumental, útil, poetizable. Para Abreu Felippe el pasado es tan devastador (le ha machacado y mutilado de tantas maneras) que habría podido resultar en un erial, sin embargo, éste se transforma en sus manos en experiencia que es a la vez, contradictoria y complementariamente vital. Adquiere una actualidad permanente, y no se constituye en mera evocación sentimental, mediante estas páginas donde se inscribe lo vivido y padecido junto a los sueños y padecimientos como cosa que no debe olvidarse. Por extensión, el presente —el exilio mismo en llegado el momento— va inscribiéndose a medida que se plasma en el texto, en la fuga del tiempo hacia atrás, donde sólo el pasado cuenta ya, a punto para ser contado. La vida, en fin, traducida en hecho narrativo; la narrativa, cosa de vida y muerte. Tal vez se trate de una predisposición personal del autor, o del condicionamiento obligado de la experiencia bajo el totalitarismo, según sugiere Pío E. Serrano al hablar de la angustia de esta escritura "probablemente surgida (...) por la temprana atmósfera claustrofóbica que conoció [el autor] antes de comenzar a escribir sus primeros poemas: la soledad, el extrañamiento respecto a una sociedad con la que no se identifica, la siempre presente represión". Lo evidente es que hay en esta narrativa, en apariencia adscrita a una estética "realista" —para nada sucedánea del "realismo socialista" a que estaba obligada— un componente angustioso que la recorre de cabo a rabo. Y esto nos lleva de la mano, a observar que, en efecto, la escritura de Abreu Felippe, atributo particularmente válido para su novelística, resulta inseparable de temas y situaciones de naturaleza agónica, entrelazados inexorablemente al compás de la memoria. Son algunos de estos, la zozobra, la decadencia, la muerte. Al respecto nos dice el autor, en entrevista con Armando de Armas: "Toda vida avanza hacia la decrepitud. Sólo necesita de tiempo para llegar". No quiere esto decir que estén ausentes de dicha fórmula otros ingredientes, en principio aparentemente contradictorios, como el placer, el erotismo y la pasión. A todos ellos, se sumará el tema del exilio, a partir de la última novela de la pentalogía: *Dile adiós a la virgen*. El mismo se delinea clara y categóricamente, signado por la muerte de Tavi, el protagonista, cumpliendo así el ciclo vital. Dicha temática se encuentra explícitamente tratada desde antes, en la obra poética y dramática del autor, pero sólo ahora, a partir de la última de las obras que componen su pentalogía, se adueñan del texto novelístico. La atmósfera (más que el trasfondo) de los cuatro primeros volúmenes corresponde al insilio propiamente, una suerte de "preparación inútil" para el exilio que hallamos en la última. Con la muerte de Tavi, su protagonista, concluye Abreu Felippe el ciclo que va de la infancia a la madurez de quien es, podemos arriesgar, su alter ego. Acabada en el exilio la vida de Tavi, continúa, sin embargo, el exilio del escritor. No habría que perder de vista este detalle que insufla desde el trasfondo ocupado por el narrador, una cierta inconclusión a este acto conclusivo en lo inmediato, que es la muerte. Porque la muerte de un exiliado puede parecerse a la muerte de otro exiliado, como una copia al carbón si procede, pero mientras el exilio dura, se prolonga en otros la agonía. Téngase en cuenta que, mediante la muerte de Octavio el autor se separa de su personaje, con lo que al propio tiempo, concede a éste "autonomía". Aunque la muerte ocurre en el exilio, lo que muere con este personaje es sobre todo su larga experiencia de vida como insilio anterior, experiencia que marca irremediablemente al personaje. Venir a morir a la orilla de una playa ajena después de haber sufrido toda la vida la experiencia del insilio, podría parecer, y sin dudas constituye una ironía más del autor, pero es asimismo una denuncia, y al cabo, un triunfo, el de la libertad individual —si se quiere, una victoria pírrica—. La muerte de Tavi se inscribe en esa totalidad de la experiencia colectiva del cubano exiliado, y por eso resulta ser una tragedia en sol menor, considerada generalmente en la música barroca como "la tonalidad de la trágica consumación". De tal modo, ha llegado a convertirse a estas alturas la experiencia del exilio para el autor, en "experiencia asimilada", que ésta visión se comunica a la muerte de su personaje central. No es de extrañar que tal suceda, pues a la pregunta que le hacen separadamente al autor dos entrevista-

dores en ocasiones diferentes, respecto a su experiencia de exiliado, responde éste siempre con versos, salpimentados alguna vez por sus propios comentarios. ¿No se trata ya ésta, pues, de una visión "literaria" del propio exilio, en el cual aparece instalado el creador? ¿Y de qué modo habría de resultar extraño que así sea, cuando ya dicha experiencia anonadante, de largo término, ha concluido por convertirse en "normalidad" de su circunstancia? Dicho proceder no conlleva al reduccionismo simplista, o a la falsificación de la experiencia del exiliado, sino que procede de un estado irresoluble, doloroso y absurdo, que el hombre, no estando en condiciones de eludir o superar, encarga resolver al escritor. La literatura es en última instancia la verdadera patria del autor, pero se trata éste, como se ha visto, de un escritor muy concreto, muy zarandeado por los avatares políticos que lo han llevado precisamente al exilio, ese estar "sin estar, estando" que condiciona hasta sus preferencias y sus lecturas. A este respecto, declara en entrevista para Radio Martí, la radio por excelencia del exiliado cubano, capaz de llegar (precariamente) a quienes en la isla se arriesgan a escucharla. A la pregunta de si volvería a su país de origen, en un improbable viaje de retorno responde:

> No lo sé, me gustaría por la ilusión de encontrarme con un yo que ya no existe en un lugar que tampoco existe. En el desterrado algo se desarticula y se esparce. No hay sosiego, gasta el resto de la vida, huyendo. Kavafis resume la tragedia en un poema que yo cito en *Dile adiós a la virgen*. "La vida que aquí perdiste la has destruido en toda la tierra".

Convicción pesimista que en gran medida contradice el propio quehacer del creador, pues si bien el exilio consiste de un estado sin descanso, está lleno asimismo de vitalidad, ya que ese algo que "se desarticula y esparce" no es otra cosa que el semillero de su creatividad en constante fervor germinativo. El exilio fomenta y propicia el apetito del autor por una lectura/ re-lectura incesante del mundo, que ya no constriñe, ni mutila. Los buenos escritores suelen ser, ante todo, lectores voraces y selectivos. Abreu Felippe entra, naturalmente, dentro de esta categoría. Como corolario de sus preferencias, surgirá un libro al que aquí nos referimos de pasada, *121 Lecturas,* únicamente para ilustrar lo que antes afirmamos. Según prueba esta recopilación de reseñas críticas, al escritor no le interesa la literatura que está de moda, por el hecho de estarlo, o la que se apunta al éxito mediático o de público, en respuesta a tales características. Entre sus lecturas se apuntan escritores diversos, con los que nuestro autor parece dialogar. No resulta pues, sorprendente, que sea Reinaldo Arenas, el más asiduo participante de esta conversación. Por si la compilación de marras no bastara a decirnos mucho acerca de las coordenadas entre las que se mueve Abreu Felippe como creador, teniendo en cuenta que la lectura es también un acto creativo, preparatorio incluso, el autor se confiesa en voz alta en una entrevista con Armando de Armas. Dicho en el estilo punzante que adoptan tales declaraciones, afirma sin vacilaciones:

> Es muy difícil (y probablemente inútil) hablar del escritor en abstracto. [ ] el escritor que me gusta leer (que casi siempre es el mismo que prefiero mantener a distancia) es un exiliado por todas partes. Son inconformes, hacen juicios a priori, protestan por todo, no militan en ningún partido, los han pateado muchísimo y poseen un exquisito sentido del humor. No caen bien, no se acomodan en ningún sitio. Son más bien seres solitarios. Mencionar nombres resultaría pedante, pero un hecho sintomático es que mientras en la vieja Europa (y en USA) se siguen escribiendo ingeniosas boberías bien cotizadas, documentados mamotretos históricos muy cinematográficos o galimatías posmodernas (finos productos de gente que no ha

sido pateada), la gran literatura está llegando de antiguos países comunistas, liberados de la esclavitud y la censura. Es curioso que muchas de esas grandes novelas fueron escritas por mujeres.

Se percibe en semejante declaración algo de la sorna y de la cólera areniana, que es asimismo la que corresponde a una generación de creadores ninguneados —y negados— dentro y fuera de Cuba por razones políticas bastardas, abrazadas sin empacho por muchos en los Estados Unidos y Europa —los mismos que pondrían el grito en el cielo de verse sometidos a la mitad siquiera de calamidades, humillaciones y represión que estos "apestados" del omnímodo poder político del estado cubano—. Pero sobre todo, el autor declara en este breve párrafo, más que sus preferencias literarias lectoras, una poética que es la suya y encontramos realizada en sus novelas tanto como en su dramaturgia o su poesía. Dicha poética se consuma de manera magistral en cada una de las novelas del conjunto "El olvido y la calma". Cada una de ellas aporta su componente agónico irrenunciable —tal vez inevitable e indispensable— aún aquellas que como la primera y la segunda, *Barrio azul* y *Sabanalamar* tratan de la niñez y la primera adolescencia del personaje principal. Seguramente, porque siendo ya esta etapa de formación, de suyo una lucha que el individuo está obligado a sostener para entrenarse como el púgil, la misma se nos presenta aquí enconada tempranamente por los avatares políticos y sociales que condicionan la maduración de Tavi, y le son impuestos de modo que no tiene opción alguna. Ya están aquí servidos, como bien precisa Armando de Armas, los componentes que, de la mano del buen hacer que constituyen el oficio del escritor, ensamblan literariamente la fragmentación de una realidad hecha añicos, para hacerla comprensible, o al menos no del todo indescifrable, pues como decía Borges ("Emma Zunz"): "Un atributo de lo infernal es la irrealidad, un atributo que parece mitigar sus terrores y que los agrava tal vez". Pareciera pues, que es función autoimpuesta por nuestro autor, hacer luz sobre esas sombras; separar con precisión de taxónomo los nombres que corresponden a las cosas, de modo que la realidad sea medianamente comprensible, sobre todo a quien observa los peces encerrados en la pecera, y concluye eso tan facilón de "como el pez en su agua". *Sabanalamar* —particularmente— precisa, deslinda el camino que deberá andar Tavi, y prefigura además la lluvia que se precipita siempre a lavar la sangre que corre en la tercera de las novelas de la serie: *Siempre la lluvia*. En cuanto a ésta, dice el autor, en apretado resumen:

> *Siempre la lluvia* es la novela de la adolescencia [plena] de mi pesonaje. De mi adolescencia y la de toda una generación de cubanos. Octavio tiene 16 años cuando lo reclutan para el Servicio Militar Obligatorio. La novela está dividida en "jornadas", como las películas rusas de la época. Tres jornadas, cada una marcada por una muerte, aunque la última queda abierta, no se sabe qué pasa con el muchacho, quizás se salve, piensa Octavio, que cargó con él 32 kilómetros a caballo por una desolada llanura, con ese fin. La sangre recorre la novela y la lluvia la barre.

Sin embargo, lo más notable de la novela, acaso no resida en la "anécdota", es decir, la peripecia en sí de los personajes, en la trama o el argumento, sino en el trabajo como de orfebre que une todo y corresponde al lenguaje. Uno de los comentaristas de esta novela, Armando de Armas, lo ha expresado sagaz y concisamente al escribir:

> [P]rosa ( ) dura y aséptica como instrumental de quirófano; el descenso [que se impone al lector] a las regiones [del inframundo] de Octavio es a puro pulmón, sentirá un golpe como patada en el pecho, y probablemente náuseas.

Es [ésta] la buena noticia, la mala es que no hay redención; ni siquiera cuando el protagonista escapa del reino orwelliano y se va a Madrid, o después a Miami: Octavio viene del futuro y apesta. El juego es a muerte y el autor apuesta fuerte.

La cuarta de las novelas de este conjunto coral, se halla, por así decirlo, al centro de la creación de ese mundo/submundo, reconstruido por el autor con tenaz meticulosidad y oficio. Pareciera ser la más autónoma del conjunto, ápice de un triángulo equilátero a los extremos del cual se sitúan en la base, los pares que completan la pentalogía: de un lado, la primera y la segunda, cronológicamente hablando, y del otro, la tercera y la quinta. No se trata de que *El instante* supere o eclipse a las demás, sino de que constituye la cima, el tejado que se alza sobre la base de la casa. Tan imprescindibles resultan para los fines propuestos uno como otra, pero es la parte superior la más vistosa, también la que ofrece mejor perspectiva, la posibilidad de abarcar con la mirada una panorámica, que de otro modo se perdería, porque el ápice es asimismo un mirador, un vigía para el lector, un picacho que se sostiene sobre el abismo. El poeta, narrador y periodista Luis de la Paz ha escrito al respecto, lo que sigue:

> La novela está concebida como una pieza única, que abre y cierra en sí misma, pero con referencias a las tres novelas anteriores, *Barrio Azul*, *Sabanalamar* y *Siempre la lluvia*, y a la posterior, *Dile adiós a la Virgen*, que pone punto final al ciclo. De la misma manera que en esas otras piezas hay alusiones sobre hechos que ocurren en *El instante*.

El instante, arranca de allí donde ha quedado *Siempre la lluvia*. Si la anterior novela ofrece el resumen de una etapa vital de formación que corresponde a su personaje central, en *El instante* parecen detenerse, congeladas, todas las perspectivas que éste debe tener por delante. En tiempo real corresponde a la década que va del setenta al ochenta, año este último, cuando tiene lugar la estampida del Mariel. Octavio González Paula, acaba de ser desmovilizado del Servicio Militar Obligatorio (tres años sometido a la explotación diseñada por el estado para rendir tempranamente a los jóvenes a partir de los dieciséis años). Algo desorientado, algo turulato, como es natural que suceda luego de vivir una experiencia devastadora física y espiritualmente hablando, Octavio conoce a Hugo. Este conocimiento, es además un reconocimiento de las potencialidades del amor. Éste se revela, florece, y se va consolidando en medio de una represión que es también, de manera inevitable, sexual. En 1980, Hugo logra escapar de Cuba entre los cientos de miles que se precipitan, primero a la Embajada del Perú, que los acoge, y más adelante a las embarcaciones que los rescatan en el puerto del Mariel. Hugo encarna los sueños y esperanzas que liberan a Octavio de la cotidianidad angustiosa y asfixiante, su amor le sostiene con vida, y esa línea vital parece cortarse, al menos interrumpirse con la partida de Hugo. Por

eso, *El instante* es también la novela de la desesperación y de la desesperanza. Octavio, quien no alcanza a refugiarse en la embajada que les abre sus puertas a quienes acuden a ella, ve partir a sus hermanos, y a su amante, mientras él permanece haciendo compañía a sus padres en la misma casa, en el mismo barrio, en la misma ciudad, en un instante detenido, congelado, al que se aferra como a un clavo candente que le desuella las manos.

Dile adiós a la virgen, es pues, el corolario de un periplo, y de un modo sui-géneris constituye una despedida de Cuba y un homenaje a la patria; un distanciamiento del presente detenido que pronto será pasado, sin dejar de estar presente en la nueva vida de Tavi. Con la salida de éste al exilio, sin embargo, no se curan automáticamente las heridas, ni se rehacen fácilmente los lazos, máxime cuando esos años que prolongan su encierro en la isla, su abandono y su desolación, acumulan sobre el personaje nuevas experiencias inevitablemente dolorosas. El interminable "insilio" se filtra así en la nueva experiencia del exilio, y no constituye como pudiera pensarse a simple vista, una "mera" etapa superada.

El ciclo que se cierra con la última de las novelas del conjunto, corresponde a una vida, la de su personaje itinerante, pero la historia colectiva en que se inscribe la vida de Octavio, las vidas de los otros, que completan dicha vida y dicha historia individual no acaban aquí. Constituyen el trasfondo más vasto en que naufraga Octavio. De él, irrenunciablemente, sigue nutriéndose el estro creador de Abreu Felippe, siempre empezando un nuevo ciclo, que él se empecina en que corresponda a la espiral, y no al previsible círculo vicioso.

NOTAS

1 Numerosos, son los estudios que señalan la obra de Proust como antecedente paradigmático de *Paradiso*, aunque Lezama llegue a negarlo enfáticamente, acaso por temor a que se le tenga por émulo del francés cuando es evidente que la obra del cubano constituye su propio universo, concepto éste visceral en la consciencia del autor. Rodríguez Monegal, de conformidad con Lezama en este punto, alerta al respecto a la crítica, en el sentido de no tomar la parte por el todo, es decir, considerar la obra de Lezama Lima exclusiva o principalmente por lo que tiene de correspondencia con Proust. (Véase bibliografía). En cuanto a Abreu Felippe, su deuda con el legado de Rolland, y en particular con su *Juan Cristobal*, es abrazado por él con nombre y apellido.

2 Si bien los efectos de la censura suelen considerarse justamente nefastos en cualquier circunstancia, y momento de que se trate, ocurra bajo regímenes de fuerza o dictaduras de cualquier signo, suele asimismo tratarse de un mal transitorio, una suerte de colapso sufrido por el cuerpo social. El insilio, consiste de imponer antes que un tapabocas, el aherrojamiento pleno del sujeto, y se concibe como una práctica opresiva más aberrante y de largo alcance, al punto que la víctima no alcanza a ver una "salida" posible a su situación; sus estragos y la devastación causadas individual y colectivamente, son de proporciones incalculables, y suele ser característico de regímenes totalitarios, es decir, donde la represión se ejerce con minuciosidad y constancia de afuera adentro, y de adentro hacia afuera: Hitler, Stalin, Castro vienen a la mente. Entre estos, pocos han sido más crueles, minuciosos y eficientes en su práctica que el castrismo, favorecido en parte por su larga trayectoria. Parametrada y vigilada muy de cerca la sociedad cubana, la geografía misma del país (su condición de isla, de que se lamentara premonitoriamente Virgilio Piñera) ha contribuido a aislar aún más y a privar de cualquier posibilidad de "salida" a los autores, artistas y creadores en general, censurados y agarrotados por el poder. Dicho control, además de absoluto, no se limita a la obra, o al individuo, sino que se extiende a su familia, amigos y conocidos. (El muy divulgado, pero aún poco conocido "Caso Padilla" ofrecería al interesado un punto de partida para el estudio de la cuestión). No estando facultado para disponer de su producción, ni aún fuera del país, el creador tampoco es autorizado a marcharse al exilio por voluntad propia. Mediante tal procedimiento, éste es efectivamente anulado, suprimido y olvidado. Su cadáver, ocasionalmente, puede ser exhibido con determinado propósito, como una exquisita mariposa clavada a su alfiler cuando aún estaba viva. Al fin y al cabo, el poder totalitario puede consentirse incluso "recuperar" o "rescatar" el conjunto de la obra "maldita", (y al autor) apuntándose el procedimiento a favor de su propia legitimación exterior como un acto de tolerancia o de rectificación que está muy lejos de ser.

3 Rodríguez Monegal señala en un artículo aparecido en la revista *Mundo Nuevo*, que el nombre de esta segunda entrega lezamiana debió ser "Inferno", antes que Opianno Licario, en correspondencia con el de *Paradiso* de su primera novela, y a tono con la obra de Dante. Toda vez que esta segunda novela de Lezama apareció ya muerto el autor, concretamente un año después de ocurrido el deceso, habríamos de considerar si el de Opianno fue el nombre determinado por el autor para su obra, o el dado por sus editores. ¿Cuánto de censura del manuscrito original hay en esta novela?

4 Existió desde el momento mismo de la toma del poder por los distintos sectores revolucionarios, un propósito de dominación y sometimiento totalitario de la sociedad cubana, que pasaba por el control absoluto de los medios de comunicación, la educación, y la cultura, y la sumisión de aquellos a quienes se encargaba de representarlos. La prohibición de una breve cinta documental independiente, de nombre P.M., y el subsecuente escándalo suscitado por dicha censura, permitió ya en 1961 a Fidel Castro ejercitar y establecer a la luz pública los mecanismos de que se había apropiado el estado para este menester, y apretar las clavijas a los disidentes, amén de identificar públicamente a los potenciales "protestones", convertidos en chivos expiatorios. Las desgracias de un Virgilio Piñera darían allí comienzo, y no acabarían con su ulterior arresto "la noche de las tres Pes", sino que le acompañarían hasta su muerte. No se piense, sin embargo, que el poder revolucionario aguardó hasta la fecha señalada previamente, para proceder a censurar y desmontar las opiniones contrarias al poder, pues desde el mismo 1959, a poco de apoderarse del país, comenzaron los ataques a la prensa y los medios independientes que serían prontamente expropiados e incorporados a una red única en manos del estado. (Ver, entre otros, *Contra viento y marea*, las memorias de José Ignacio Rivera, último director del *Diario de la Marina*).

5 ¿Puede concebirse ironía mayor que la de atribuir la noción de "olvido" a un conjunto dictado por la constante de la memoria, y para la memoria? ¿O la de "calma", a la materia

de que la misma está hecha, cuando se trata de una verdadera agonía? Por otra parte, el cuerpo constituido por las cinco novelas de la serie, abunda asimismo en manifestaciones de igual índole. La ironía, como figura retórica se define, según sabemos, como disimulo o ignorancia fingida por la que se da a entender algo muy distinto, o incluso contrario a lo que se dice o escribe. Ironía, del griego είρωνεία 'eirōneía':

6   La primera edición cubana de la novela se publicó en 1966. El número de ejemplares declarados era de cinco mil. Cierta o falsa, esta cifra parece haberse agotado casi de inmediato, bien adquiridos con presteza sus ejemplares, según se ha dicho, por un público entendido y ávido de lecturas (como para sorprender a cualquiera de semejante acogida), bien recogidos, como en efecto ocurrió, el resto de ejemplares por las "autoridades culturales" del momento, con el propósito de evitar la lectura de un capítulo que no había sido expurgado del texto, en el que se hacía supuestamente la apología de la homosexualidad. La novela no volvería a publicarse nuevamente en Cuba hasta 1991, y su re-aparición, según relata Ciro Bianchi Ross (ver bibliografía) produjo un verdadero desorden público que escapó al control de las manos de los organizadores del evento. Otros títulos, estos de autores identificados con el régimen, aparecidos originalmente por la misma época de *Paradiso*, tales como *La situación* o *Pasión de Urbino*, del funcionario oficialista y defensor a ultranza del régimen cubano, Lisandro Otero, han contado sin embargo con una sucesión de re-ediciones, dentro y fuera de Cuba, aprobadas estas últimas por las autoridades "culturales" revolucionarias, las mismas que acusarían a un Reinaldo Arenas de enviar secretamente para su publicación en el exterior su obra maestra *El mundo alucinante*, prohibida en Cuba. A lo ya expresado pudiera añadirse que, no obstante la re-edición cubana de *Paradiso* de 1991, sigue siendo imposible encontrar dicho título, y la obra en general de Lezama Lima en librerías cubanas de la isla, de ahí que los lectores nacionales enterados de su existencia, rueguen a los amigos en el extranjero que les hagan llegar de ser posible algún ejemplar de esta novela. El resto de la población, incluidos los universitarios, sigue sin enterarse de la existencia misma de esta novela o del autor.

7   Más debería de hablarse de las circunstancias sórdidas en que ocurre la muerte de este autor. Reinaldo Arenas, es de los pocos en hacer un recuento del suceso, tanto en sus memorias como en diferentes artículos. La muerte de Lezama, cuando menos, podría atribuirse a "la indolencia del sistema médico-hospitalario cubano", pero es casi seguro que se trató, si no de "una muerte anunciada", si "de un asesinato de estado alevosamente conveniente", muy posiblemente calculado. La noticia del deceso de autor tan importante y ya reconocido antes de 1959, fue relegada por la prensa oficial a un suelto inserto en una página interior, mientras la primera plana se dedicaba a exaltar en grandes titulares el sobrecumplimiento de alguna meta, a cargo de la vaca favorita del tirano, lo que es un claro indicador del sitio en que el régimen colocaba al creador, y un corolario adecuado del género de vida que se le obligó a llevar, recluido en la casa de la calle Trocadero, donde hoy el régimen ha instalado el "museo" Lezama, en cumplimiento de uno más de sus gestos hipócritas y desinformadores. En contraste con la prensa oficial cubana (es decir, toda ella) el deceso de tan relevante figura de las letras hispánicas acaparó los titulares de los principales periódicos de Iberoamérica, España, Francia, Italia, Alemania y muchos otros países, que dedicaron sucesivamente suplementos y homenajes al autor, entre muchos otros títulos, de *Paradiso*.

8   Las cartas de Lezama Lima a su hermana, y a numerosos amigos residentes en el extranjero, constituyen un testimonio de la angustia en que transcurre la vida de este autor bajo el fidelato. Se da cuenta en ella de la reiterada negativa de las autoridades a permitirle viajar al exterior con diferentes propósitos, tales como recibir un galardón o participar de un congreso donde se le honra, convocado por una universidad extranjera. Leyendo al sesgo, sin embargo, Cintio Vitier y algunos otros alabarderos del régimen, fijan su atención en la constante queja del corresponsal dirigida a su familia por "haberlo abandonado", de lo que concluyen, que Lezama reprocha a su hermana y demás familiares haberse marchado de Cuba. Habría aquí mucha tela por donde cortar, pero lo que importa señalar aquí es, por una parte, las circunstancias a que se obligaba al autor por parte de las autoridades, y por la otra, la hipocresía y complicidad de muchos, incluso los Vitier y otros presuntos amigos o ex amigos, montados en el carro de los poderosos, lectores al sesgo y exégetas de conveniencia de las cartas.

9   A semejanza de lo que ocurría en otro plano, es decir, tratándose de elegir militantes para el Partido, en lo que se comenzaba temprano integrando a los niños en "destacamentos" de "pioneros", luego en miembros de la "Federación de Estudiantes de la Enseñanza Media" y de cumplirse "determinados parámetros" incorporándoseles a la "Unión de Jóvenes Comunistas", de la que procederían mediante una previa selección quienes serían luego los militantes comunistas, en lo referente a la literatura se cumplían etapas equivalentes: 1) los talleres literarios, (principio obligatorio para cualquiera que aspirara a ver alguna vez su nombre en letra de imprenta); 2) las Brigadas Hermanos Saíz de Jóvenes Escritores y Artistas; y 3) la incorporación a la Unión de Escritores y Artistas de Cuba. Llegar a disponer de acceso a los medios elementales para "producir" la obra escrita, pictórica, u otra cualquiera, en un país donde el estado controla absolutamente todos los mercados y prebendas, se vuelve casi imposible en la medida en que el creador se aparta de la senda oficial para concebir su obra de manera independiente. De modo que a la vigilancia y censura generales, se añade la carencia de los medios materiales para "obrar". No obstante, esta obra encontró a veces medios de hacerse, burlando con gran despliegue de ingenio los obstáculos que se erigían ante ella, sin desestimar que el precio a pagar por ello pasaba indefectiblemente por la cárcel.

10   Jóvenes autores conocidos, reconocidos y auto-identificados como "revolucionarios" serían en su momento los casos, entre otros, de Eduardo Heras León o Norberto Fuentes. Sin embargo sufrirían el estigma de "no valorar adecuadamente la experiencia revolucionaria", y en consecuencia la

censura de su persona y de su obra, por causa de haberse colocado momentáneamente fuera de la ortodoxia del régimen. El caso de Heras León es particularmente ilustrador. Buen escritor, y autor de al menos un buen par de libros de cuentos, premiados inicialmente por el régimen, y luego censurados por el mismo, y condenado al olvido su autor tras una pública caza de brujas, la reivindicación política del mismo no se produciría sino luego de varios años al cabo de los cuales produjo unas abominables narrativas testimoniales de su paso por una fábrica de acero y otras semejantes. Hoy se halla plenamente "reivindicado".

11 Como se sabe, este término procede del ruso. En Cuba no creo que llegara a emplearse, ni siquiera de modo irónico. Sin embargo, llegó a existir en cierto momento una verdadera producción de literatura subterránea o sumergida, que pasaba de mano en mano en un pequeño círculo de amigos, aunque siempre se corriera el riesgo de ser denunciado por alguno de los integrantes del grupo, lo cual sucedía a menudo. Paralelamente existían círculos de lectores que debían pasarse una obra oficialmente prohibida, o relegada, o de la que alguna vez oíamos hablar en contrario, (y por lo mismo procurábamos por todos los medios posibles), a la vez que producían una copia mecanografiada de la misma, que seguiría circulando. Tal fue el caso de *El Túnel* de Sábato, *La casa verde* de Vargas Llosa, o *Bomarzo* de Mujica Láinez, entre innumerables otras.

12 Severo Sarduy pudo ser el primero en categorizar de neo-barroca la obra de Lezama, en su estudio "El barroco y el neo-barroco" (1972) siendo él mismo un autor adscrito a dicha estética. Como bien indica su nombre, el neo-barroco se inspira en el barroco, si bien su producción ha de dividirse, en dos vertientes divergentes si no antagónicas, de las que habla Omar Calabrese, entre otros autores, particularmente en su *L'età neobarocca*.

13 Cuando se examina con detenimiento la novelística de este autor, se encuentran en el texto numerosos elementos que, indiscutiblemente corresponden al barroco/neo-barroco —pasando por encima de las distinciones entre uno y otro—, entre los cuales apuntamos la sensualidad y el erotismo en estrecha relación con el lenguaje, que deviene así un elemento protagónico cuasi autónomo. Mejor expresarlo con las palabras que el mismo autor coloca a propósito de su obra teatral *Rehenes*, a manera de exordio: "A mí no me jode nadie, esto es puro barroco"

14 El concepto de "imago" procede, como se sabe, de la antigüedad latina, y se refiere a la imagen de cera que constituye un retrato del difunto, la cual será expuesta durante las exequias. En nuestra época es aplicado primeramente por Carl Gustav Jung a los estudios psicológicos. Con posterioridad ha pasado a la Filología, la Comparatística y la Lingüística mediante el estudio de las imágenes mentales o imagotipos. Etimológicamente, significa imagen, y puede ser definida como la figura, representación, semejanza o apariencia de una cosa. La obra de Lezama Lima es, por antonomasia y síntesis una "imago" o representación de un sistema poético a su vez conformado por infinitas combinaciones concebidas por el genio creador del autor.

PRINCIPAL BIBLIOGRAFÍA CONSULTADA

Aínsa, Fernando. "Imagen y la posibilidad de la utopía en *Paradiso*, de Lezama Lima", *Revista Iberoamericana*, Vol. XLIX, Núm. 123-124, abril-septiembre 1983. (Impreso y Pdf).

Abreu Felippe, José. *Barrio Azul*. Ediciones Universal, Miami, 2008. (Impreso).

Abreu Felippe, José. *Dile adiós a la virgen*. Poliedro, Barcelona, 2003. (Impreso).

Abreu Felippe, José. *El Instante*. Ediciones Universal, Miami, Editorial Silueta, 2011.

Abreu Felippe, José. *Sabanalamar*, Ediciones Universal, Miami, 2002.

Abreu Felippe, José. *Siempre la lluvia*. Ediciones Universal, Miami, 1994.

Bianchi Ross, Ciro. "Las erratas de Paradiso". *Juventud Rebelde. Edición Digital. 2 de marzo de 2008.*

Calabrese, Omar. *L'età neobarocca, Laterza, Bari, 1987. (Impreso).*

Carilla, Emilio. *El barroco literario hispánico*, (Biblioteca Arte y Ciencia), Buenos Aires, Editorial Nova, 1969.

Cino Álvarez, Luis. "A cincuenta años de *Paradiso*", Revista Digital Cubanet. Miami, Florida. Agosto 11, 2016.

Craig, Herbert *Marcel Proust and Spanish America: From Critical Response to Narrative Dialogue*. Bucknell Univ Press, 2002.

De la Hoz, Pedro. *"Los 50 de Paradiso convocan". Granma Digital. 8 de agosto de 2016.*

Ingenschay, Dieter. "Exilio, insilio y diáspora. La literatura cubana en la época de las literaturas sin residencia fija". *Ángulo Recto*. vol. 2, núm. 1. 2010 (En línea).

Jeong-Hwan, Shin. "La estética neobarroca de la narrativa hispanoamericana. Para la definición del barroco como expresión hispánica". AISO. Actas VI (2002). (Impreso y Pdf).

Lezama Lima, José. *Paradiso*. Ediciones Unión. Colección Contemporáneos. (primera edición. Impreso), La Habana, 1966.

Lezama Lima, José. *Paradiso*. (Ed. de Eloísa Lezama Lima). Cátedra, Madrid, 1980

Lezama Lima, José. *Oppiano Licario*. México D.F., Ediciones Era, 1977.

Sarduy, Severo. *Barroco*, Editorial Sudamericana, Buenos Aires, 1974.

Sarduy, Severo. "El barroco y el neobarroco" *América Latina en su literatura*. (Compilador-editor César Fernández Moreno) México, Siglo XXI, 1972.

¡FIEL A SÍ MISMO HASTA EL FIN DEL CAMINO Y DE LA VIDA! LA MIRADA AL FRENTE, PRENDIDA A LO QUE AÚN FALTA POR VER.

DENIS FORTÚN ENTREVISTA A JOSÉ ABREU FELIPPE

¿Quién es José Abreu Felippe?

Nunca me he hecho esa pregunta. Pero supongo que es un tipo buena gente. Hace más de seis décadas que lo conozco y no hemos tenido ni un Sí ni un No.

Tus novelas, poemas, tu dramaturgia, tu obra en general, ¿una enorme catarsis que no cesa?

No lo creo. Una catarsis, en el sentido griego, es una purificación de las pasiones por la contemplación del arte. En medicina se refiere a la eliminación de sustancias tóxicas para el organismo (¿tabaco, alcohol?) y en los medios culteranos se habla de la eliminación de recuerdos o ideas perturbadoras. Me temo que mi escritura no cae en ninguna de las tres categorías. Más bien he intentado retener los recuerdos, fijarlos, con la ilusoria obsesión de que perduren.

¿Por qué un libro de relatos como Yo no soy vegetariano (al que prefiero llamar El Arrascapié) no ha sido presentado aún? ¿A caso demasiado fuerte, al punto que temes asustar al lector puritano? De paso, cuéntame por qué le cambiaste el título y si hoy no te arrepientes de haberlo hecho.

No, en lo absoluto. Tengo otros libros que no he presentado nunca. *Tres piezas*, es un ejemplo reciente, para no ir más lejos. *Yo no soy vegetariano* es un divertimento que parte de la novela que acabo de publicar y que se presentará en unos días. Por eso se lee en la contratapa de *Yo nos soy vegetariano*: "Nueve personajes de una novela inédita poseen algo en común: todos tuvieron en su juventud un encuentro sexual con un ser extraño, que los marcó para siempre". En la novela salen esos personajes y participan, con El Arrascapié, en una simpática ceremonia de iniciación en el medio del mar. En la novela se menciona el nombre original del libro, *Hechos del Arrascapié,* e incluso aparece un cuento que no está recogido en *Yo no soy vegetariano*. Cada personaje y cada cuento son metáforas temáticas: la religión, la guerra, etc. Yo me divertí mucho escribiéndolo. Obviamente prefiero *Yo no soy vegetariano* como título, es más cínico.

La literatura homoerótica, gay ¿continúa siendo una suerte de Cenicienta en las letras por tantos mojigatos, seudomoralistas u homofóbicos que todavía nos rodean hoy, o piensas que se trata de buen momento y, como aseguran algunos, ahora es el tiempo rosado de las letras?

No creo que exista nada llamado "literatura gay". De la misma forma que no creo que exista una "literatura feminista". La literatura es buena o mala.

Cualquier intento de encasillamiento va en contra de la obra misma. ¿A alguien hoy en día se le ocurriría pensar que la *Ilíada* es literatura gay porque trata de la cólera de Aquiles ante la muerte de Patroclo?

«No creo que exista nada llamado "literatura gay". …La literatura es buena o mala.»

El teatro en Miami, ¿goza de buena salud o se trata de un empeño que desgasta enormemente y apenas si da frutos? ¿Faltan dramaturgos?

Yo pienso que sí, que goza de buena salud, a pesar del desdén de políticos y poderosos. Surgen nuevas salas, nuevos grupos y se presentan obras de calidad constantemente. Ahí están los infatigables Sandra y Ernesto y su Teatro en Miami Studio que ya se están preparando para el segundo festival de teatro local, TEMFest2011; Juan Roca y Havanafama; Yoshvani Medina y ArtSpoken; Yvonne López Arenal y Akuara Teatro; más Avante, Prometeo, Abanico, Teatro 8, Trail, entre otros que harían muy larga la lista.

Dime, ¿de todos los géneros en que te desenvuelves en la literatura (prácticamente todos), cuál prefieres, cuál te resulta más cómodo al instante de crear?

No tengo preferencias. Casi siempre cuando viene una idea lo hace acompañada de su forma. Uno se da cuenta si es un cuento, una obra de teatro, etc.

Eres un escritor exigente, un crítico mordaz, por lo que incluso hay quienes temen escucharte. Con esa franqueza que te distingue y que yo disfruto, dame tu opinión de la literatura cubana en el exilio, cómo la vez dentro de unos años, y para ti cuáles son las voces (o letras) que podrían dignificarla.

La literatura cubana actual está en el exilio. La razón es muy sencilla: para escribir (y esto es válido para cualquier manifestación artística) se necesita libertad. Libertad para escribir lo que se desee, cómo se desee y cuándo se desee. Aquí tenemos la obra poética de Eddy Campa, de Esteban Luis Cárdenas, de Jorge Oliva, que perdurará. Esteban también escribió un cuento extraordinario, *Un café exquisito*. Hay excelentes prosistas como Manuel C. Díaz y Armando de Armas; Daína Chaviano y Zoé Valdés. Esto por nombrar sólo cuatro, la lista sería francamente interminable. Sin olvidar que aquí murieron Lydia Cabrera, Carlos Montenegro, Lino Novás Calvo, Enrique Labrador Ruiz, Agustín Acosta, Reinaldo Arenas, Roberto Valero, René Ariza y un largo etc.

¿Consideras que existe un enfrentamiento real entre escritores de las dos orillas, o crees que la complicidad por las letras, el ser parte de un gremio y de una nacionalidad, favorece a un entendimiento menos traumático? ¿Perdonarías a aquellos que en su momento fueron apologistas de una dictadura? ¿Vale la pena la indulgencia con alguien que fue capaz de cantarle a un sistema como ese?

No creo que exista ningún enfrentamiento. Más bien una guerra de omisiones. Constantemente están llegando artistas de la isla de todos los géneros y se presentan y el que lo desea va a verlos. De aquí hacia allá sólo van los que tienen el visto bueno de la dictadura. Si no los quieren allá, no los dejan entrar y punto. Yo no soy nadie para perdonar o condenar. Les doy el mismo tratamiento que ellos me dan a mí: nos ignoramos mutua y cordialmente.

"Habanera fue", la escribiste junto a tus hermanos Nicolás y Juan como un homenaje a la madre que se va definitivamente. Coméntame un poco de la experiencia y dime si te atreverías a repetirla.

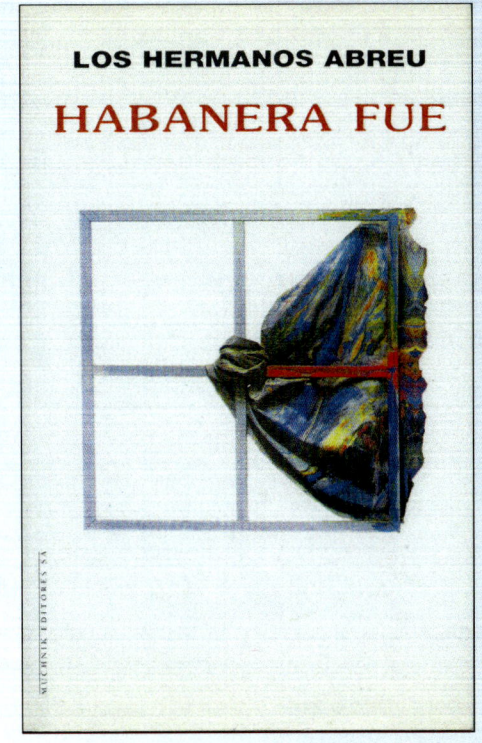

Fue un proyecto difícil, doloroso, pero a la vez gratificante. Creo que valió la pena. No sé si repetiría esa experiencia. Creo que no.

Hablar contigo de literatura, de Cuba, finalmente me remite a Reinaldo Arenas; algo que no puedo evitar, ni quiero. De los tres Abreu (Las Bronte como dicen que él gustaba de llamarlos en broma), ¿con quién se identificaba más Reinaldo, se sentía más cómplice?

No lo sé y lamentablemente, ya no se lo puedes preguntar a él. Yo era amigo suyo de muchos años y se lo presenté a mis hermanos. Nosotros nos reuníamos en mi casa o en el Parque Lenin, a leer, a conversar, todos juntos. Y cada cual se relacionaba a su manera. Nicolás, por ejemplo, lo ayudó mucho cuando se mudó para el hotel Monserrate. Entre otras cosas le fabricó una buhardilla con falso techo y todo. También fue la única persona que tuvo el valor de presentarse como testigo de la defensa en el juicio a Arenas. Te imaginarás las consecuencias. A Juan y Reinaldo les gustaba salir de excursión o a pescar. Yo a veces lo recogía, cuando vivía cerca del Patricio y nos íbamos a caminar. Después nos sentábamos debajo de los pinos a leer. Ya en libertad, fue a la primera persona que me encontré en Madrid. Él llegó dos o tres días después que yo, en su primera visita a Europa, y descubrimos Madrid juntos. También fuimos a lugares cercanos, Segovia, Toledo, El Escorial…

Háblame de "El Instante", (…); de la pentalogía en general.

"El olvido y la calma", que es el título de la pentalogía, es un proyecto en el cual llevo trabajando más de treinta años. Surgió, siendo yo un adolescente, leyendo el *Juan Cristóbal* de Rolland. Desde ese momento me entusiasmó la idea de escribir —o describir— la vida de un personaje —un escritor— desde su nacimiento hasta su muerte. Después la vida, mi propia vida, se encargó de ordenarme el horror, mi propio horror, y dulcificar o envenenar el aire a respirar. De delinear etapas y poner las cosas en su sitio.

Pero la idea de este ciclo de novelas sobrevivió. Cada una de ellas debía ser un coto cerrado, independiente de los demás, autosuficiente. Y todas debían de parecer también diferentes entre sí, en su forma y contenido, aunque repitiera al personaje –claro, en una etapa diferente de su vida y por lo tanto *otra* persona, pero cargando los mismos lastres, los mismos, símbolos, los mismos círculos-, y el mismo mundo. La primera *Barrio Azul*, se ocupa de la infancia y termina en 1958. La segunda, *Sabanalamar*, se centra en varios meses –de mayo a diciembre– de 1961 cuando Octavio, que es el

> «La literatura cubana actual está en el exilio. …para escribir… se necesita libertad

personaje principal, tiene 14 años y participa en la Campaña de Alfabetización que se realizó ese año en Cuba. Es, entre otras cosas, el conocido encuentro de dos mundos, la ciudad y el campo, y el descubrimiento por parte del adolescente de sí mismo y de los círculos -y los símbolos- por donde deambularía su existencia. La tercera, *Siempre la lluvia*, va de 1965 a 1968, durante el Servicio Militar Obligatorio de Octavio y está, como las películas rusas de la época, dividida en Jornadas. Una jornada por cada año marcada por un espanto. El horror y la muerte señorean sobre cada una de ellas. La cuarta es *El instante*, que presentaremos el 18 de este mes, y transcurre entre 1971 y 1980. Octavio se enamora por primera vez en su vida y trata de nadar contra la corriente en medio de lo que ahora se ha dado en llamar el quinquenio gris (y después dicen que es imposible comprimir el tiempo). La novela termina con el asalto de 10,832 personas a la embajada de Perú en La Habana y su consecuencia, el éxodo del Mariel, donde la familia y su vida se rompen y se dispersan. Es una novela de amor que no tiene un final feliz.

Dile adiós a la Virgen es la novela que cierra el ciclo. Es el fin. Son los despojos de Octavio González Paula, Tavi, para sus íntimos, recogidos por su amigo Hugo que se niega a aceptar que su"maestro" fue un perdedor y se empeña en concluir la obra de su vida, de darle un sentido a su razón de ser. Así "veinte años después" -un homenaje a Dumas, que alegró mi juventud-, en diciembre de 2003 -lo que hace que la novela, cuando se escribió, fuera "futurista"-, él también al borde del fin, tal vez como prueba de amor, se sienta a ordenar –a recomponer– la novela que recoge los casi cinco meses últimos de la vida de Octavio en Cuba. De agosto a diciembre de 1983. Mes por mes. Para ello utiliza el material que le dejó Octavio y su propia -y no muy sofisticada- inventiva remarcada, por ejemplo, en el uso excesivo de paréntesis, algunas palabras muletilla, "errores" y la intromisión de su mundo personal, de su tragedia íntima, en la del amigo. La última parte se ocupa de la estancia del personaje en Madrid y de su exilio definitivo en Miami, donde muere.

¿Cómo te imaginas a José Abreu Felippe de haberse quedado en Cuba?

Ahorcado.

¿El Mariel, lo mejor que pudo pasar?

El Mariel fue un horror más en la larga cadena de horrores y monstruosidades que ha padecido la nación cubana, gracias a la llamada revolución. El horror es el legado personal de Fidel Castro y sus cómplices.

Cuba: ¿una cicatriz curtida por el tiempo o definitivamente una herida que no cierra? De poder, ¿volverías?

Más bien una herida que no se cierra. Y la tristeza de ver cómo un energúmeno enloquecido y subnormal puso todo su empeño en destruir un país y lo consiguió. No se puede mencionar un solo logro en más de medio siglo. Bueno, tal vez el de sobrevivir a toda costa, mintiendo, engañando, mientras asolaba un país y humillaba a sus habitantes. Ahora, ¿volver? Te dejo con este poema de Cernuda:

¿Volver? Vuelva el que tenga,
Tras largos años, tras un largo viaje,
Cansancio del camino y la codicia
De su tierra, su casa, sus amigos,
Del amor que al regreso fiel le espere.

Mas, ¿tú? ¿Volver? Regresar no piensas,
Sino seguir libre adelante,
Disponible por siempre, mozo o viejo,
Sin hijo que te busque, como a Ulises,
Sin Ítaca que aguarde y sin Penélope.

Sigue, sigue adelante y no regreses,
Fiel hasta el fin del camino y tu vida,
No eches de menos un destino más fácil,
Tus pies sobre la tierra antes no hollada,
Tus ojos frente a lo antes nunca visto.

Miami, exilio, 4 de agosto de 2011

CENSURADOS
José Mario
EL GRITO
Y OTROS POEMAS
(Antología poética)
Prólogo de Nelson Simón González
MEET THE BEATLES
STEREO
GASTON BAQUERO
Poesía Completa
Jorge Edwards
Persona non grata

Post Scriptum
"MI GENERACIÓN"

José Abreu Felippe

¡Mi generación no vio al hombre llegar a la luna! Esas imágenes que ahora están por dondequiera, y que todo el mundo reconoce, nosotros, nunca las vimos. No se transmitieron por la televisión nacional. Tampoco la radio dijo nada, ni nada se publicó en la prensa. Sólo tres líneas incomprensibles en la sección «Hilo Directo»: "(...) de la nave tal se desprendió el módulo tal y se efectuó el descenso", o algo por el estilo. Ese día el gran titular del Granma celebraba la hazaña de no me acuerdo qué cosmonauta ruso que completaba un número presuntamente extraordinario de vueltas a la tierra. Nada supimos del mayo francés, ni de esa juventud melenuda que gritaba ¡la imaginación al poder! Mientras existieron, nunca oímos por la radio a Los Beatles, ni vimos la portada de un disco, ni una foto suyas publicados en la prensa. Sólo en una ocasión tuvimos la oportunidad de verlos No se anunció en ninguna parte, pero la noticia se regó como pólvora. ¡En un noticiero ICAIC de Santiago Álvarez, de ésos que había que soportar estoicamente con cada película, se ridiculizaba al grupo con las imágenes de unos simpáticos monitos bailando, mientras la banda sonora nos regalaba el Rock Beethoven! Se intercalaban fotos –montadas a velocidad supersónica– de los integrantes del grupo vestidos de pistoleros y en el momento culminante, por unos segundos, SE VEÍA a los Beatles tocando. Claro, la escena estaba tomada como a través de un anteojo puesto al revés, empequeñecida en una infinita lejanía. De más está decir que las colas y las multitudes en los cines requerían de fuerte presencia policíaca. Creo que fue la única vez que la gente hizo cola por ver un noticiero de Santiago Álvarez. ¡Y hasta lo repetían!

Mi generación creció sin tocar una lata de refresco. Sólo las vio en películas norteamericanas pirateadas por el propio gobierno, de ésas que venían con el consabido cartelito de "esta cinta ha sido reconstruida con varias copias de uso" y se excusaban por las deficiencias que pudiera presentar la proyección. Normalmente eran en blanco y negro, pero a veces nos torturaban con una versión popularmente denominada en "castrocolor". Ésas eran las peores, pues había que adivinar, entre los cortes de la censura, qué significaban aquellas manchas verdosas o azulosas que se sucedían en la pantalla. Todo un ejercicio imaginativo. Así que idealizamos las latas de refrescos y hasta soñábamos con esos portentos que no necesitaban refrigeración, pues, según se decía, se enfriaban al abrirlos.

Mi generación no era capaz de imaginar el libre mercado que, juraban las malas lenguas, existía en otros países. A cambio, éramos expertos en los cupones de la libreta –en realidad una hoja– de "productos industriales". Especulábamos sobre qué sacarían [a la venta] este trimestre por el cupón 49, y si tendríamos que optar otra vez entre los repuestos para bolígrafos, o las presillas para el pelo. Mi generación se hizo erudita en colas y en su metalenguaje: "¿Quién es el último? ¿Y detrás de quién usted va? Conmigo vienen diez. Yo estoy rotando. Marca para mí".

Mi generación creció acosada. Teníamos un Comité de Defensa de la Revolución en cada cuadra que vigilaba todos nuestros movimientos. Quién entraba o quién salía de la casa y con qué paquetes —para quedarse a dormir había que solicitar una autorización en el Seccional de los Comités, avalada por el modelo RD3 rojo, o azul, según el tiempo de estancia, hasta un máximo de tres días–. Aprendimos a hablar en voz baja dentro de la casa, y a escribir a máquina con el radio a toda voz para que no se escuchara el tecleo. Los libros que necesitábamos leer, las películas que queríamos ver, la música que deseábamos escuchar estaban prohibidos. A mi generación la pelaron al rape. Las camisas anchas, los pantalones estrechos, las melenas, las sandalias, los cintos con hebillas, los radios portátiles, eran "diversionismo ideológico" y desde luego, perseguidos y sancionados.

Mi generación con catorce años se fue alfabetizar, a recoger café y a subir, cinco veces, el Pico Turquino. En el año en que cumplió los dieciséis debió inscribirse para el Servicio Militar Obligatorio. Duraba tres años y meses. Tuvo que apuntarse para ir a pelear a Viet Nam. Después cumplió "misiones internacionalistas" en África y en América Latina. También conoció la UMAP. Y la cárcel, el exilio y la muerte en tierra extraña. La familia partida por el mar.

Somos la generación del chícharo, y la "croqueta del cielo [de la boca]", del "Cordón de La Habana", las "cortinas rompevientos", los muñequitos rusos, el café caturra y los cupones cancelados. ¿Para qué seguir? ¡Es un milagro si aún estamos vivos!

Miami, 5 de agosto de 2000.

VISIÓN COMPLEMENTARIA:
OTRAS OPINIONES CRÍTICAS

Morir en Miami. *Los Cuentos mortales* de José Abreu Felippe.

ALEJANDRO ARMENGOL

Un grupo notable de escritores [en el exilio] sigue apostando [por la literatura], mediante la realización de textos que merecerían un reconocimiento mayor, por los temas y recursos estilísticos que desbordan una clasificación fácil, y que definitivamente ayudarán a comprender en el futuro, el significado de una vida transcurrida en gran parte fuera del lugar de origen. *Cuentos mortales,* de José Abreu Felippe, [pertenece] a ese conjunto de textos que trascienden la elemental dicotomía que define la vida de un exiliado en términos políticos, y explora la desolación que implica el paso del tiempo. Para los protagonistas de los 10 relatos breves que forman este libro, el alejarse se define en consecuencias que no dan cabida al arrepentimiento, aunque tampoco están a salvo de la carga que implica sobrevivir frente a la adversidad.

[L]os relatos de *Cuentos mortales* se inician y culminan con dos títulos alegóricos: vencedor y perdedor. El «vencedor» del primer cuento muere, luego del triunfo literario, al regresar a la Isla y en los momentos en que es honrado con un doctorado Honoris Causa de la Universidad de La Habana. En la narración final, el «perdedor» hace un balance de su vida antes de suicidarse. En ambos casos, se trata de un ajuste de cuentas. Hay diferencias evidentes entre ambos personajes: el primero ha alcanzado el triunfo literario y el otro nunca ha publicado una línea. Uno muere al regresar a Cuba y el otro ni siquiera se plantea esa posibilidad. Pero estas diferencias son aparentes. Para ambos, los logros y las frustraciones personales resultan pueriles ante la realidad: buenos y malos recuerdos. Para el suicida, en éstos no hay «nada que merezca una línea». El escritor de éxito, por su parte, considera al tiempo «ajeno a la experiencia y a cualquier esfuerzo». Desde el punto de vista existencial, ambos relatos evidencian una ironía que lleva a la inversión de los títulos: el suicida demuestra mayor lucidez al quemar su «obra maestra», la novela que arroja a las llamas, mientras que quien recibe el homenaje se considera un cobarde que ha «perdido demasiadas oportunidades para matarse». La muerte rige la escritura del libro. Está presente en nueve de los 10 relatos.

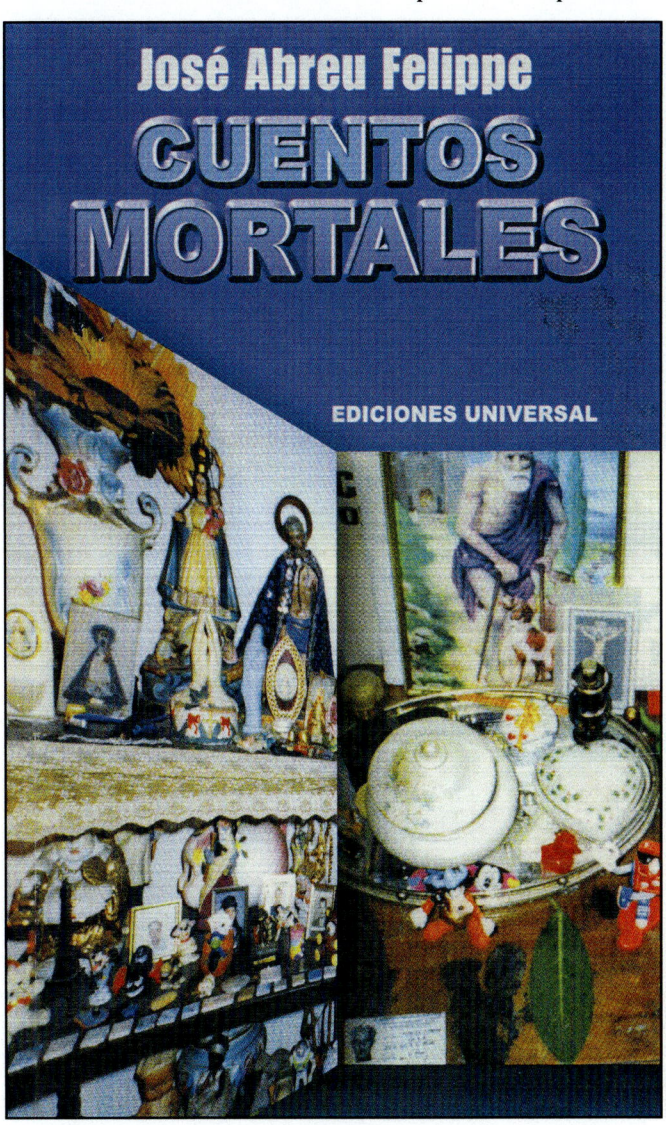

Un mundo construido a pulso.

Armando de Armas

Sabanalamar [segunda novela de la pentalogía "El olvido y la cala"] de José Abreu Felippe, [es] una obra rara en el panorama de las letras cubanas, no sólo por el punto de vista del adolescente, sino también por el tema de la alfabetización-adoctrinamiento que lleva a cabo el comunismo tropical recién estrenado. Pero la mayor rareza, y excelencia, de **Sabanalamar** no está en lo anterior, sino en la trabajada construcción del cuerpo narrativo, un universo inconexo que se va armando sin aparente esfuerzo, como si tal, a partir de la furiosa fragmentación de la cotidianidad, de por sí fragmentaria y enfurecida, acrecentada por el maremágnum revolucionario, explosión escatológica dónde las haya (¿alguien recuerda el cuento del guajiro defecándose sobre un ventilador en la azotea del Havana Hilton?).

[Este] mundo que se va construyendo sin trazado previo, ajeno a línea argumental alguna, sino [conforme] a retazos como aquellas cubrecamas multicolores que hacían las abuelas cubanas a partir de pedazos de tela sobrantes, durante meses, expresión de amor y paciencia (antes de que el castrismo racionalizará las telas y transmutará a las abuelas en milicianas); retazos del tiempo, un tiempo no cronológico, en un caserío que ha permanecido al margen de la historia, que intempestivamente comienza a entrar en la historia, es decir en el horror.

Sabanalamar es un mundo construido a pulso, orfebrería de la palabra; donde el tiempo y la palabra devienen personajes protagónicos, el tiempo ido y la palabra presente, eternizante. Hay en la obra una especie de suspense subyacente en la anodina realidad "Escucha crujir de huesos. Como de gente caminando sobre huesos menudos..." El joven Octavio va a la alfabetización, campaña para adoctrinar y colectivizar al díscolo guajiro cubano, y en jugada perfecta, a los mismos alfabetizadores "Él no quería, no estaba dispuesto a que lo adoctrinaran. Si los demás querían eso, era cosa de ellos." Novela de primeras experiencias, las del sexo y las de la muerte, los opuestos y su complemento. Naturaleza salvaje. Drama humano, película en el trasfondo, de seres conducidos como bestias al matadero de la historia. Implementación científica del más acabado sistema de esclavitud creado jamás por el hombre, tan perfecto que los esclavos no sólo lo son, sino que son felices, 100% por si alguien duda, como el mismo Octavio y los demás alfabetizadores, y los padres, y sus responsables, y los campesinos alfabetizados; y en medio de esa masa amorfa entregándose sin pudor a los arrumacos del poder, los pocos del decoro martiano, la guerrilla anticomunista de guajiros alzados en armas contra la extrema violencia de estado (algo no suficientemente realzado en la obra); hombres no solo heroicos, sino inteligentes, más inteligentes que toda la recua de académicos en cualquiera de las posibles orillas contaminadas por lo políticamente correcto.

Más allá de su valor literario o precisamente por ello, **Sabanalamar** aporta una clave más en el conocimiento de las muchas y contrapuestas islas nacionales, compartimentos estancos en los últimos cuarenta y cuatro años.

Reseña a Sabanalamar. *Sabanalamar y las orillas*

121 lecturas, abarcadora colección de críticas literarias

MANUEL C. DÍAZ

De José Saramago, por ejemplo, [dice el reseñador Abreu Felippe a propósito de] *Todos los nombres*, una de las últimas novelas [del escritor portugués]: "Una prosa aparentemente simple, llena de sutilezas, saturada de un humor tan fino, tan delicado, que la soledad que brota del protagonista llega a pesarnos como la losa del Cementerio General donde al final encuentra el móvil de toda su aventura". Está también una de las más exitosas de las llevadas al cine, *El código Da Vinci*, de Dan Brown, que Abreu resume de esta manera: "Una mezcla de temas polémicos y sensitivos, de realidad y fantasía, desarrollada con gran erudición –donde se percibe la huella de Umberto Eco–, todo aderezado con mucha acción y mucho misterio y escrito con una prosa ágil, sencilla, funcional, sin pretensiones estilísticas o innovadoras". Entre las obras de autores premiados están las reseñas de *Tres tristes tigres*, de Cabrera Infante; *Ampliación del campo de batalla*, de Michael Houellebecq; *Chulas y famosas*, de Terence Moix; *Querido primer novio*, de Zoe Valdés; *Corazón tan blanco*, de Javier Marías; *El hereje*, de Miguel Delibes y *Caravaggio, exquisito y violento*, de Luis Antonio de Villena, por nombrar algunas de las más conocidas.

Pero en *121 Lecturas* no sólo están incluidas las obras de los consagrados, premiados y famosos, sino también las de nuestros autores locales, reseñados con la misma seriedad y respeto que los galardonados europeos. Aquí está Juan Cueto y su *Palabras en fila, en clase y en recreo*; Esteban Luis Cárdenas, con *Un café exquisito*, al que Abreu califica como "uno de los mejores cuentos escrito en los últimos cincuenta años"; Guillermo Rosales y su famoso *Boarding Home*, en una versión rebautizada como *La casa de los náufragos*, de la que Abreu dice: "Pero no le hagamos demasiado caso al nuevo título y demos todas las gracias posibles porque sale a la luz una obra maestra –quizás la primera obra maestra indiscutible escrita por un cubano en su exilio miamense–, que es objeto de culto para un pequeño grupo, pero a su vez desconocida por la inmensa mayoría de los lectores"; Jorge Luis Llopiz y su libro de relatos *Juego de intenciones*, donde "adentrarse en sus historias es viajar a través de diferentes espejos hacia eras imaginarias disfrazadas, algunas, de contemporaneidad". La lista de autores del patio que aparecen reseñados es extensa, variada y prestigiosa: Enrique Ros, Ángel Cuadra, Luis de la Paz, Reinaldo García Ramos, Joaquín Gálvez, José Mario y Héctor Santiago, entre algunos otros.

Ha hecho bien José Abreu en publicar esta compilación de reseñas que, de otro modo, hubiesen quedado olvidadas. Para quienes las leyeron en su momento, serán un recordatorio de cómo la critica, cuando es seria y honesta, sirve para difundir los valores de la buena literatura. Y aquellos que las lean por primera vez descubrirán cómo, a través del simple análisis de un libro, es posible adentrarse por unos instantes en el maravilloso universo de la cultura.

Especial/el Nuevo Herald

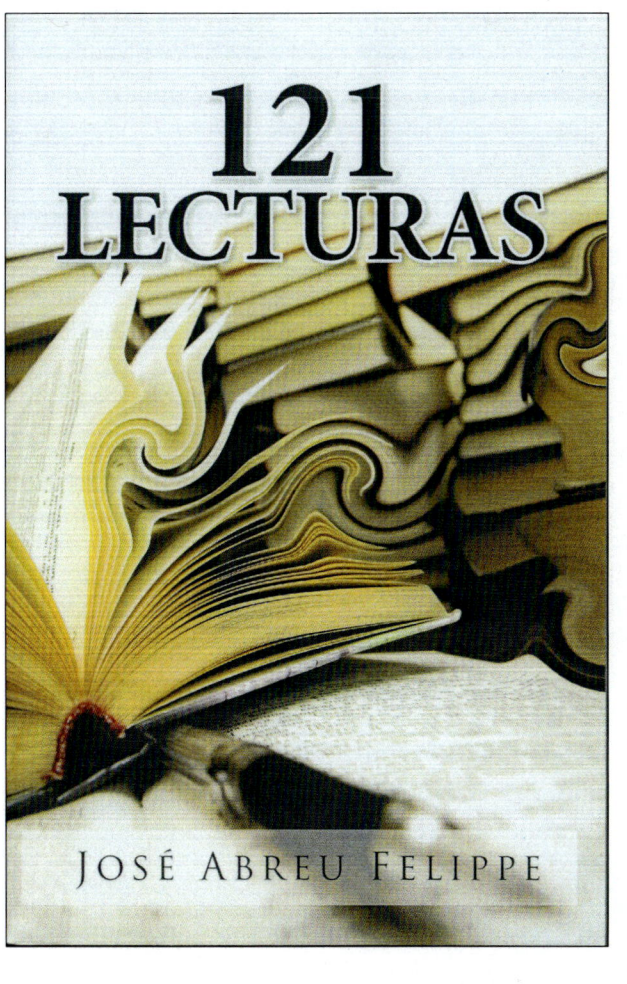

Un acercamiento muy personal

LUIS DE LA PAZ

En la tercera parte [de *El Instante*, titulada] *"El Parque"*, se describen las tertulias del Parque "Lenin", los encuentros con los amigos para leer y las aventuras que allí tuvieron lugar, amén de las colas para comer unas galletas con queso crema y los momentos de tensión vividos. Es la parte [del libro], digamos, más intelectual de la novela, por ella desfilan figuras del mundillo intelectual de la época —algunas con el nombre alterado— y se describe el ambiente que los rodeaba. Esta parte termina con una lectura (...) en medio de un ambiente mágico y delirante, donde convergen los lectores clandestinos con sus personajes. Hay [en esta parte] parodias memorables (...). La jornada siguiente *"La tarde"*, conduce al fin, a la separación y la ruptura, que culmina con el éxodo del Mariel, cuando parte de la familia de Octavio y el propio Hugo, se van de la isla. *El instante* es una novela intensa, una historia de amor, que como expresara el propio autor, "no tiene un final feliz".

Con la edición de *El instante*, José Abreu Felippe concluye la publicación de su gran proyecto de vida, "El olvido y la calma". En conjunto, los cinco libros, dejan un sabor amargo, un inquietante pesar, pues la existencia de Octavio, un niño que miraba como un adolescente; un joven que reflexionaba como un adulto; un hombre que sufría como un hombre maduro, en fin, un ser solitario que creyó hallar en la muerte el equilibrio y el sosiego, es en gran medida el retrato de un destino común, cada cual con sus variantes. Una vida que se va, como en la novela, "en el humo que asciende y se hace denso.

José Abreu Felippe: Lecturas de un escritor

HERNÁN VERA ÁLVAREZ

Abreu Felippe, como el poeta que es, vive en estado literario. Esta definición se mimetiza con *121 Lecturas*, volumen de casi 500 páginas que recopila las reseñas que publicó en el suplemento *Artes y Letras* de **El Nuevo Herald**. A través del enfoque del indudable lector que es Abreu Felippe se suceden figuras de la talla de Cabrera Infante, Roberto Bolaño, César Aira, Bukowski, Virgilio Piñera, Javier Marías. Muchas veces la reseña es una excusa para hablar de lo que realmente quiere el autor, como el caso de *Antes del fin*, de Ernesto Sábato, donde Abreu Felippe reflexiona sobre lo amargo de la vejez. En otras, un libro ajeno sirve para recordar momentos íntimos en La Habana, junto a amigos como Reinaldo Arenas.

El Parque "Lenin"

Una novela mural en la que se recogen relatos estremecedores.

CARLOS ALBERTO MONTANER

I

«La vida cotidiana en la Cuba comunista es un trasfondo casi perfecto para contar relatos interesantes, a veces estremecedores. Abreu [Felippe] en este libro ha decidido novelar vivencias personales, historias escuchadas o contempladas, relatos amorosos. La revolución no es el objeto de la novela, sino el telón de fondo, en este caso, durante la década de los años setenta que culminaron en el asilo de miles de personas en la embajada de Perú en La Habana y luego en el éxodo del Mariel. La obra, escrita en una prosa muy eficaz que atrapa al lector, entra sin miedos ni tapujos en el tema de la sexualidad. El autor, que tiene un viejo oficio forjado como poeta, dramaturgo y narrador, salió de Cuba en el 83 (...) [en] Miami ha escrito la mayor parte de su ya copiosa y notable obra.

II

«El instante es una novela mural, que recoge una época, [correspondiente] a una parte de la sociedad cubana marginada (en la medida que no forma parte del gobierno ni mucho menos) [y trata de] los jóvenes que sufren las consecuencias de una dictadura que intenta controlar todos los aspectos de la vida pública. Sin embargo, esos jóvenes consiguen sobrevivir y consiguen amar de acuerdo con sus preferencias sexuales (...) de acuerdo con su modo de entender la realidad, y uno se da cuenta, leyendo el libro, que al final es muy poco lo que esa dictadura ha logrado penetrar en el control de las mentes de los jóvenes y de las personas en general. Ha creado una sociedad profundamente indignada y profundamente disgustada con el modelo de estado en el que viven. [Esto] lo manifiestan de diversas maneras. (...) La rebeldía se muestra viviendo sus vidas de una manera absolutamente contraria a la que prescribe el gobierno como la fórmula del revolucionario ideal. Eso es algo que se nota a lo largo de todas las páginas, el rechazo visceral de la juventud a esa fórmula oficial. Es una novela muy interesante y muy dura. Con un lenguaje muy duro también, que refleja el modo muy natural de hablar de los cubanos de esa generación dentro del país. (...) El libro (....) tiene un valor literario singular, pero [además] tiene un valor sociológico, un valor político y un valor histórico. Es un buen retrato de una época y de un grupo que sufrió mucho y acabó escapando por la Embajada del Perú, o por donde pudiera hacerlo, lo cual continúa siendo la historia de Cuba a lo largo de estos [más de] cincuenta años»

Impresiones sobre la novela *El Instante*, recogidas respectivamente en el blog del comentarista y en una entrevista en YouTube.

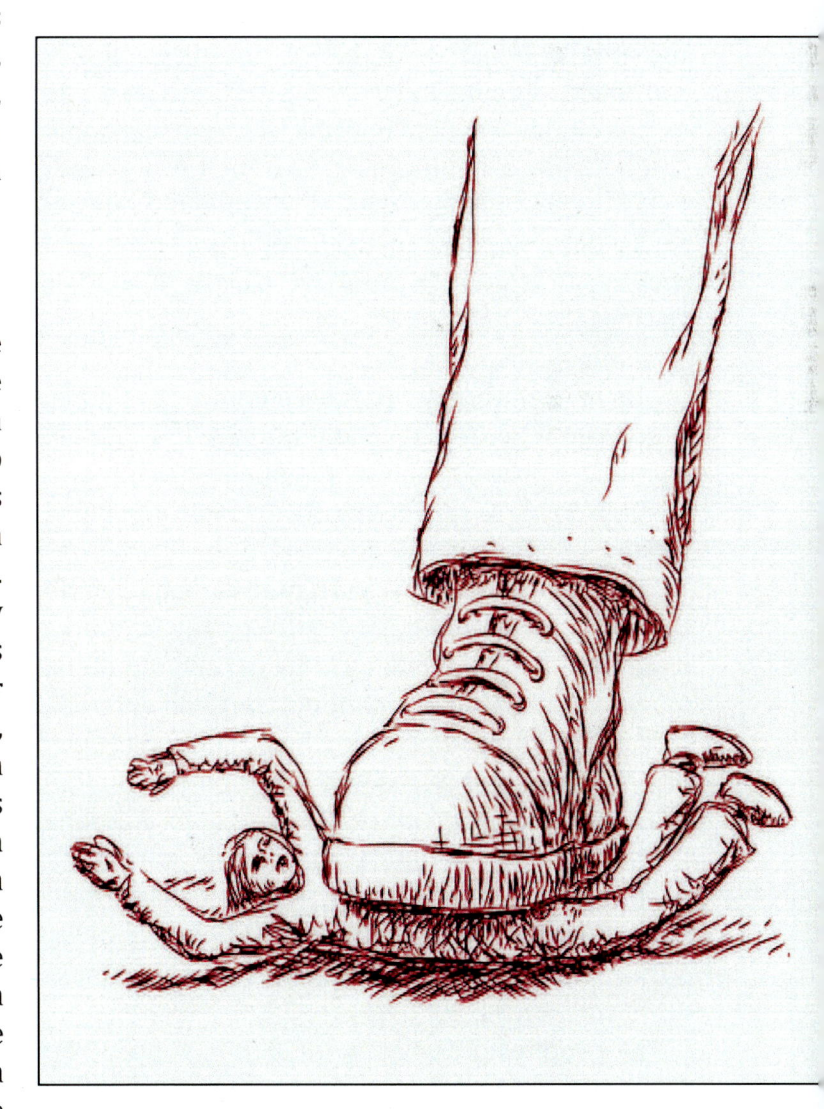

Sobre Barrio Azul

PÍO E. SERRANO

Como Oscar, el personaje de Günter Grass en *El tambor de hojalata*, Tavi, el protagonista de *Barrio Azul*, desde el asombro y la perplejidad de la mirada de un niño, se dispone a revelarnos un universo, que si no todo es el paraíso con que algunos identifican la infancia, sí se elabora con esa sustancia mágica destinada a alimentar los sueños que nos acompañarán el resto de nuestra existencia.

Desde la rejilla de mimbre en que hinca sus inquietas rodillas, Tavi, embelesado por ese primer viaje en tranvía que siembra en su memoria, nos asoma al mundo afectivo que lo abraza —la cercanía del padre, la madre omnipresente, la complicidad de los hermanos—, al telón de fondo de una ciudad, cuya cartografía se irá entrelazando entre visitas a familiares más o menos cercanos y las exploraciones que el pequeño aventura en su entorno. Una historia cordial —brota del corazón— donde la ternura parece limar las aristas más crueles que se cruzan en el camino del niño que se inicia a la vida.

De la urdimbre del paisaje, siempre revelación y sorpresa, y de la cálida humanidad que lo envuelve y protege se alza la memoria discontinua de Tavi, desde la tardía década del cuarenta hasta 1958.

Voraz *voyeur*, la mirada del niño va desplegando las argucias menudas y los estremecedores bandazos de la existencia. La irrupción de la muerte, desaparición y olvido, avanza en el relato, cerrando y abriendo ciclos, contrapunteada con el brillo fugaz de los gozos infantiles.

Cumple con esta obra el autor la temeraria saga —una pentalogía— que, alguna vez, se impuso en La Habana, mientras acariciaba el desesperado anhelo de poder abandonar la ciudad –y el país-, donde sueño y pesadilla se entretejían en el fondo de su conciencia.

La propuesta de Abreu ha sido la concepción de una obra total. Obsesionado por el peso dramático de una memoria ardiente a la que todo le incumbe –la huella familiar, la historia, las peripecias personales, la denuncia…-, el autor ha optado por un Bildungsroman dilatado, que lo absorbiera todo, donde la fragilidad de la existencia, el sentido mismo de la vida, el azar y la necesidad, la voluntad y sus derrotas, el amor y sus perturbaciones, la fatiga del sexo, la resistencia al poder totalitario y la precariedad del exilio se funden en un inquietante fresco que abarca más de medio siglo.

No conozco otra gesta literaria en la cultura cubana, no sólo de su dimensión sino de vocación tan amplia y abarcadora en su minucioso relato, como este ciclo que nos propone José Abreu.

Abreu, sin duda ferviente lector de Marcel Proust, quien en su obra magna encierra también un período de más de medio siglo (1840-1915), comparte con el francés "la búsqueda de un tesoro: el tesoro del tiempo, oculto en el pasado", al decir de Vladimir Nabokov. Pero, mientras Proust somete la sustancia de su inspiración literaria a un prisma que adelgaza la realidad social, el entorno político, la gruesa línea de la historia para entregar un exquisito juguete acerca del fluir del tiempo, cuyos mecanismos interiores son los resortes subliminales, la intuición y las asociaciones involuntarias; José Abreu se aferra a una mirada retrospectiva total, que no excluye la minuciosa evocación del pasado privado pero que sí se obstina en restablecer el pasado con todas sus consecuencias, donde la persona se rebela al abrazo mortal de la historia. Si Proust disfruta del lento fluir del río de su escritura, Abreu padece la ignición que vuelca en sus páginas.

En el futuro se volverá sobre este ciclo, *El olvido y la calma*, para encontrar en él las huellas de aquella intrahistoria unamoniana que dota de vísceras, sangre y humores el enteco relato óseo de la Historia. Depósito, esta pentalogía, de todo lo que en la objetividad académica del historiador quedara marginado, condenado al olvido.

UN SUEÑO

Estoy en la acera de enfrente.
Ahora hay un hueco donde estaba la fachada.
La escalera de mármol se mantiene,
sigue ascendiendo hasta el segundo piso.
El techo está bellamente decorado, no me había fijado.
Los colores adentro contrastan con el negro del hueco.
Mi madre me dice que no me preocupe,
que no importa.
Michel quiere tirar una foto con su celular
y no puede.
Yo tampoco, la cámara no me funciona.
Observo los extraños relieves de las columnas,
dos rostros cuya expresión no alcanzo a definir.
Un amigo se acerca pero no tiene cámara.
Doy un paso hacia lo oscuro
y entonces veo el reloj que,
con sus letras rojas, me avisa de la caída de la tarde.

¡Vivir en un estado de perenne exaltación literaria!
El autor total, entrevisto en sus lecturas y declaraciones

HERNÁN VERA ÁLVAREZ

«Abreu Felippe, como el poeta que es, vive en estado literario».

«Muchas veces la reseña es una excusa para hablar de lo que realmente quiere el autor, como es el caso de *Antes del fin*, de Ernesto Sábato, donde Abreu Felippe reflexiona sobre lo amargo de la vejez. En otras, un libro ajeno sirve para recordar momentos íntimos en La Habana, junto a amigos como Reinaldo Arenas».

«*121 Lecturas*, volumen de casi 500 páginas (…) recopila las reseñas que publicó en el suplemento *Artes y Letras* de **El Nuevo Herald**».

«A través del enfoque del indudable lector que es Abreu Felippe se suceden figuras de la talla de Cabrera Infante, Roberto Bolaño, César Aira, Bukowski, Virgilio Piñera, Javier Marías».

"El nuevo Herald", 4 de mayo de 2015.

MANUEL C. DÍAZ

«(…) De José Saramago, por ejemplo, [dice el reseñador Abreu Felippe a propósito de] *Todos los nombres*, una de las últimas novelas [del escritor portugués]: "Una prosa aparentemente simple, llena de sutilezas, saturada de un humor tan fino, tan delicado, que la soledad que brota del protagonista llega a pesarnos como la losa del Cementerio General donde al final encuentra el móvil de toda su aventura". Está también una de las más exitosas de las llevadas al cine, *El código Da Vinci*, de Dan Brown, que Abreu resume de esta manera: "Una mezcla de temas polémicos y sensitivos, de realidad y fantasía, desarrollada con gran erudición –donde se percibe la huella de Umberto Eco–, todo aderezado con mucha acción y mucho misterio y escrito con una prosa ágil, sencilla, funcional, sin pretensiones estilísticas o innovadoras". Entre las obras de autores premiados están las reseñas de *Tres tristes tigres*, de Cabrera Infante; *Ampliación del campo de batalla*, de Michael Houellebecq; *Chulas y famosas*, de Terence Moix; *Querido primer novio*, de Zoe Valdés; *Corazón tan blanco*, de Javier Marías; *El hereje*, de Miguel Delibes y *Caravaggio, exquisito y violento*, de Luis Antonio de Villena, por nombrar algunas de las más conocidas».

«Pero en *121 Lecturas* no sólo están incluidas las obras de los consagrados, premiados y famosos, sino también las de nuestros autores locales, reseñados con la misma seriedad y respeto que los galardonados europeos. Aquí está Juan Cueto y su *Palabras en fila, en clase y en recreo*; Esteban Luis Cárdenas, con *Un café exquisito*, al que Abreu califica como "uno de los mejores cuentos escrito en los últimos cincuenta años"; Guillermo Rosales y su famoso *Boarding Home*, en una versión rebautizada como *La casa de los náufragos*, de la que Abreu dice: "Pero no le hagamos demasiado caso al nuevo título y demos todas las gracias posibles porque sale a la luz una obra maestra –quizás la primera obra maestra indiscutible escrita por un cubano en su exilio miamense–, que es objeto de culto para un pequeño grupo, pero a su vez desconocida por la inmensa mayoría de los lectores"; Jorge Luis Llopiz y su libro de relatos *Juego de intenciones*, donde "adentrarse en sus historias es viajar a través de diferentes espejos hacia eras imaginarias disfrazadas, algunas, de contemporaneidad". La lista de autores del patio que aparecen reseñados es extensa, variada y prestigiosa: Enrique Ros, Ángel Cuadra, Luis de la Paz, Reinaldo García Ramos, Joaquín Gálvez, José Mario y Héctor Santiago, entre algunos otros».

«Ha hecho bien José Abreu en publicar esta compilación de reseñas que, de otro modo, hubiesen quedado olvidadas. Para quienes las leyeron en su momento, serán un recordatorio de cómo la crítica, cuando es seria y honesta, sirve para difundir los valores de la buena literatura. Y aquellos que las lean por primera vez descubrirán cómo, a través del simple análisis de un libro, es posible adentrarse por unos instantes en el maravilloso universo de la cultura».

"121 lecturas, abarcadora colección de críticas literarias", "El Nuevo Herald", 20 de noviembre de 2015.

ARMANDO DE ARMAS

«Abreu Felippe es uno de esos escritores a la vieja usanza, quizá los únicos que hay, quienes viven no por, ni para la literatura, sino que sus vidas mismas son la literatura o, al menos, materia prima para la obra literaria, gente rara que se deja la piel, y a veces el alma, en el texto, en la elaboración del texto, quiere decir, de existencias como pretextos».

Preámbulo a una entrevista para Radio Martí. ("Martí Noticias", 1 de octubre de 2010)

EN VOZ PROPIA.
Algunas respuestas del autor

«El hombre y la historia están indisolublemente ligados. Me interesa el hombre respondiendo, le guste o no, al momento que le tocó vivir y que él no escoge; sólo reacciona. Me es difícil acometer un tema sin relacionarlo con un lugar y un momento. En el caso cubano, la Historia, con mayúsculas, es una sucesión de tragedias que a veces se concatenan, lo que hace más sustancioso, paradójicamente, el acto de narrar».

«Es muy difícil (y probablemente inútil) hablar del escritor en abstracto. Yo te puedo decir que el escritor que me gusta leer (que casi siempre es el mismo que prefiero mantener a distancia) es un exiliado por todas partes. Son inconformes, hacen juicios a priori, protestan por todo, no militan en ningún partido, los han pateado muchísimo y poseen un exquisito sentido del humor. No caen bien, no se acomodan en ningún sitio. Son más bien seres solitarios. Mencionar nombres resultaría pedante, pero un hecho sintomático es que mientras en la vieja Europa (y en USA) se siguen escribiendo ingeniosas boberías bien cotizadas, documentados mamotretos históricos muy cinematográficos o galimatías posmodernas (finos productos de gente que no ha sido pateada), la gran literatura está llegando de antiguos países comunistas, liberados de la esclavitud y la censura. Es curioso que muchas de esas grandes novelas fueron escritas por mujeres».

«Ayer era capaz de encender velas y ponerme a conversar con mis fantasmas y con los que no son míos. Hoy no creo ni en la madre de los tomates y pienso que cuando muera, todo se acabó. Que mi mundo muere conmigo. Mañana, probablemente me ponga a recitar mantras. Unos días me da por pensar en el oportunismo espiritual de Pascal y en otros cito a Hinostroza con aquello de que "es miserable el tiempo que se pasa sobre la tierra suponiendo que no hay un infinito." Y así. El hombre es cosa vana, variable y ondeante (Montaigne)».

«¿Quién se atrevería a decir que no [teme a la muerte] sin hacer el ridículo? Pero he visto ya demasiados muertos para saber que el tránsito suele ser breve. Que no es nada difícil morirse. Un dolor de muelas puede durar más que la agonía. Más que a la muerte, le temo al dolor. A quedar inutilizado dentro de un cuerpo inútil».

Entrevista de Armando de Armas para "Martí Noticias", 1 de octubre de 2010.

«Cuando Arenas logró escapar de la isla en 1980, las grandes editoriales europeas lo acogieron. Poco a poco, principalmente debido a su activismo político, fue cayendo en desgracia. Sus últimos libros, ya muriéndose, se los mandó a Salvat de Ediciones Universal en Miami. Cayó en el olvido. No es hasta que en 2000, Julian Schnabel lanza su película basada en la autobiografía de Arenas, que su nombre y su obra, comienzan a conocerse por el gran público. Mucho reconocimiento ha alcanzado desde entonces".

Entrevista de Hernán Vera Álvarez. "El Nuevo Herald, 4 de mayo de2015).

Consejo consultivo

Diana Álvarez Amell, Ph. D.
Editora, traductora, crítica literaria, profesora asociada
Department of Languages, Literatures and Cultures
Seton Hall University, New Jersey

Lic. Ena Columbié
Escritora y bibliotecaria
Centro Cultural Español para la Coop. Iberoamericana,
Miami, Florida

Marcelo Fajardo Cárdenas, Ph. D.
Crítico literario, profesor auxiliar de Lengua Española
y Literaturas Hispánicas,
Modern Foreign Languages Department
University of Mary Washington, Viginia

Andrea Herrera O'Reilly, Ph. D.
Escritora y catedrática.
Women's and Ethnic Studies
University of Colorado

Lic. Emilia Sánchez
Crítica literaria, editora, biógrafa, ex-catedrática
Universidad Central de Las Villas, Universidad de Camagüey, Cuba

Alexander Selimov, Ph. D.
Editor, crítico literario, profesor asociado
Department of Foreign Languages and Literatures
University of Delaware

Con nombre y apellido

Antes que a conformar una mera relación de nombres, dedicamos esta sección a testimoniar y justipreciar, la labor de quienes han hecho posible el número que el lector tiene entre las manos. Éste no habría sido posible sin la persistente labor de indagación, recopilación y compilación de nuestro editor invitado, el poeta narrador y memorialista Juan Cueto-Roig, quien dedicó a su labor el tiempo e interés que su fina percepción le indicaba, y ha resultado en un feliz compendio pleno de interés y vitalidad.

Por su accesibilidad y cooperación en la realización del número, **Ediciones** *La gota de agua* agradece igualmente a José Abreu Felippe y a Luis de la Paz. Sin su participación activa y entusiasta no hubiéramos contado con fotos y documentos personales de gran significado, a los que nos brindaron acceso.

A los articulistas, reseñadores y entrevistadores cuyos nombres aparecen a continuación en cualquier orden, y contribuyeron sus páginas, o autorizaron la reproducción parcial o total de las mismas, expresamos aquí igualmente nuestra gratitud y la más alta estimación. Son ellos Zoé Valdés, Pío Serrano, Carlos Alberto Montaner, Armando de Armas, Reinaldo García Ramos, Sarah Moreno, William Navarrete, Denis Fortún, Alejandro Armengol, Matías Montes Huidobro, Luis de la Paz, Hernán Vera Álvarez, y Manuel C. Díaz.

Incluido en el conjunto se reproduce también una vibrante reseña teatral del nunca olvidado Carlos Victoria, (1950 – 2007) del que adelantamos aquí, ya ha preparado el correspondiente "Cuaderno Monográfico" / *Dossier* la investigadora, biógrafa de Emilio Ballagas, académica y autora de varios títulos, Emilia Sánchez Herrera, al que corresponde el número 7, y se espera ya con anticipación según nos comunican numerosos lectores.

A todos, una vez mas, las más expresivas gracias de los editores generales.

Rolando D. H. Morelli, Ph. D.
Kurt O. Findeisen, MD

Anuncio

Coincidiendo con el homenaje que se le rinde a la polígrafa y pintora Mireya Robles el mes de mayo de 2017 en el "Centro Cultural Español" de Miami Dade County, y como parte del mismo, **Ediciones** *La gota de agua* lanzará en la ocasión, el número 5 de sus *Cuadernos* / *Dossier*, que le está dedicado a la producción literaria y plástica de tan importante artista, y contiene además, dos entrevistas con la autora.